Bernd Britzelmaier
EAGLE-STARTHILFE
Finanzierung und Investition

EAGLE 026:

www.eagle-leipzig.de/026-britzelmaier.htm

D1732294

Edition am Gutenbergplatz Leipzig

**Gegründet am 21. Februar 2003 in Leipzig.
Im Dienste der Wissenschaft.**

Hauptrichtungen dieses unabhängigen Wissenschaftsverlages
für Forschung, Lehre und Anwendung sind:
Mathematik, Informatik, Naturwissenschaften,
Wirtschaftswissenschaften, Wissenschafts- und Kulturgeschichte.

Die Auswahl der Themen erfolgt in Leipzig in bewährter Weise. Die
Manuskripte werden lektoratsseitig betreut, von führenden deutschen
Anbietern professionell auf der Basis Print on Demand produziert und
weltweit vertrieben.

Die Herstellung der Bücher erfolgt innerhalb kürzester Fristen. Sie bleiben
lieferbar; man kann sie aber auch jederzeit problemlos aktualisieren.

Das Verlagsprogramm basiert auf der
vertrauensvollen Zusammenarbeit mit dem Autor.

„EAGLE-STARTHILFEN" aus Leipzig erleichtern
den Start in ein Wissenschaftsgebiet.

Einige der Bände wenden sich gezielt an Schüler, die ein Studium
beginnen wollen, sowie an Studienanfänger. Diese Titel schlagen eine
Brücke von der Schule zur Hochschule und bereiten den Leser auf
seine künftige Arbeit mit umfangreichen Lehrbüchern vor.

Starthilfen des Verlages „Edition am Gutenbergplatz Leipzig"
erscheinen seit 2004. Sie eignen sich auch zum Selbststudium und
als Hilfe bei der individuellen Prüfungsvorbereitung an Universitäten,
Fachhochschulen und Berufsakademien.

Jeder Band ist inhaltlich in sich abgeschlossen und leicht lesbar.

EAGLE-STARTHILFE: www.eagle-leipzig.de/starthilfe.htm

Bernd Britzelmaier

EAGLE-STARTHILFE
Finanzierung und Investition

2., bearbeitete und erweiterte Auflage

EAG.LE Edition am Gutenbergplatz
Leipzig

Bibliografische Information der Deutschen Nationalbibliothek
Die Deutsche Nationalbibliothek verzeichnet diese Publikation in der Deutschen
Nationalbibliografie; detaillierte bibliografische Daten im Internet über http://dnb.d-nb.de

Prof. Dr. Bernd Britzelmaier

Geboren 1962 in Günzburg. Studienabschlüsse in Betriebswirtschaft und
Informationswissenschaft. Promotion an der Fakultät für Mathematik und Informatik der
Universität Konstanz. Fünfjährige Industrietätigkeit bei der AL-KO Consulting-Engineering
GmbH, vier Jahre Organisation von praxisorientierten Weiterbildungsprogrammen für
chinesische Manager sowie Beratung von deutschen Firmen im China-Geschäft.
Von September 1996 bis September 2002 an der Fachhochschule Liechtenstein, dort
ab Juli 1997 Leitung und Aufbau des Fachbereichs Wirtschaftswissenschaften.
Seit Wintersemester 2002/2003 Professor für Rechnungswesen und Controlling,
insbesondere Unternehmensplanung und Investitionscontrolling, an der Hochschule
Pforzheim. Visiting Fellow an der Leeds Metropolitan University (UK) seit 2009.
Mitglied des Herausgeberrats mehrerer Fachzeitschriften, derzeit geschäftsführender
Herausgeber der World Journal of Business Management.
Stellvertretender Vorsitzender der Baden-Württembergischen China-Gesellschaft e.V.

Erste Umschlagseite:
Pudong Financial District Shanghai (Foto: Markus Weber).

Vierte Umschlagseite:
Dieses Motiv zur BUGRA Leipzig 1914 (Weltausstellung für Buchgewerbe und Graphik) zeigt
neben B. Thorvaldsens Gutenbergdenkmal auch das Leipziger Neue Rathaus sowie das
Völkerschlachtdenkmal.

Für vielfältige Unterstützung sei der Teubner-Stiftung in Leipzig gedankt.

EAGLE 026: www.eagle-leipzig.de/026-britzelmaier.htm

© Edition am Gutenbergplatz Leipzig 2009

Printed in Germany
Umschlaggestaltung: Sittauer Mediendesign, Leipzig
Herstellung: Books on Demand GmbH, Norderstedt

ISBN 978-3-937219-93-6

Aus dem Vorwort zur ersten Auflage

Diese Starthilfe wendet sich an Studierende der Wirtschaftswissenschaften im ersten Studienabschnitt sowie an Praktiker und Teilnehmer an Weiterbildungsveranstaltungen, die sich einen aktuellen Einblick in die Grundlagen der Finanzierung verschaffen möchten. Beim Leser werden Grundkenntnisse der Finanzbuchhaltung vorausgesetzt.

Der Fokus dieser EAGLE-STARTHILFE liegt in der Vermittlung von Grundkenntnissen der Finanzierung, und zwar in kurzer und prägnanter Form. Sie ist so angelegt, dass man – mit möglichst geringem Zeitaufwand – einen raschen Überblick gewinnt. Der Aufbau von Methodenwissen steht dabei im Vordergrund. Zum besseren Verständnis werden alle Teilgebiete anhand des Unternehmers Theo Aufschwung erläutert. Ziel des Buches ist es, Schritt für Schritt mit den wesentlichen Teilgebieten der Finanzierung vertraut zu machen, Zusammenhänge aufzuzeigen und ein solides Grundwissen zu vermitteln.

Auf der ersten Umschlagseite ist – Markus Weber sei gedankt – Shanghais Pudong Financial District mit dem Pearl TV Tower zu sehen, der als Symbol für den wirtschaftlichen Aufschwung gilt.

Wer als Fach- oder Führungskraft in Unternehmen tätig ist, kommt heute ohne solide Grundkenntnisse der Finanzierung nicht aus. Ich freue mich, hiermit eine praktische Anleitung zur Lösung alltäglicher Aufgaben im Bereich der Finanzierung vorlegen zu können.

Pforzheim, im Januar 2005   Bernd Britzelmaier

Vorwort zur zweiten Auflage

Diese zweite Auflage „EAGLE-STARTHILFE Finanzierung und Investition" enthält – wie auch der erweiterte Buchtitel zeigt – zusätzliche Themen: Neben einem Kapitel zu den statischen und dynamischen Verfahren der Investitionsrechnung wurden die für die Unternehmensfinanzierung relevanten Teile der durch das Bilanzrechtsmodernisierungsgesetz beschlossenen Änderungen eingearbeitet.

Alle Kapitel sind wo nötig ergänzt und überarbeitet worden.

Zusätzlich wurden Aufgaben einbezogen, zu denen am Buchende alle Lösungen enthalten sind.

Ich bedanke mich bei allen, die durch ihre Anregungen zur Verbesserung des Buches beigetragen haben.

Pforzheim, im September 2009   Bernd Britzelmaier

Inhalt

1 Grundlagen

Lernziel: Dieses Kapitel ordnet die Finanzierung in den Unternehmenskontext ein und erläutert wichtige Begriffe.

1.1 Motivation

Der Unternehmer Theo Aufschwung, ein entfernter Verwandter des aus der Teubner-Starthilfe zum Themenkreis „Finanz- und Rechnungswesen" bekannten Alfred Murksel, hat seine Prüfung zum Schreinermeister mit großem Erfolg abgeschlossen und möchte nun eine Möbelschreinerei gründen. Er plant die Herstellung und den Verkauf von Tischen und Stühlen. Dazu wird er Werkstoffe (Holz, Schrauben, Öle und Lacke etc.), Betriebsmittel (Maschinen, Firmenfahrzeug, Werkstattgebäude usw.) sowie Personal (hier vorwiegend für ausführende Tätigkeiten) einsetzen.

Von seinem Verwandten Murksel ist ihm bekannt, dass er gesetzlich dazu verpflichtet ist, jährlich eine Gewinn- und Verlustrechnung sowie die Bilanz zu erstellen.

Die Bilanz zeigt den Stand an Vermögen und Schulden zum Bilanzstichtag und kann vereinfacht wie in Abbildung 1.1 dargestellt werden.

Die Aktiva zeigen dabei die Vermögensgegenstände des Unternehmens, während die Passiva die Schulden des Unternehmens darstellen. Man kann die Aktiva auch als **Investition** und die Passiva als **Finanzierung** bezeichnen. Weitere Begriffe dafür sind **Mittelverwendung** und **Mittelherkunft**. Auf der Aktivseite wird zwischen Anlage- und Umlaufvermögen unterschieden, wobei das Anlagevermögen jene Vermögensgegenstände umfasst, die dem Unternehmen dauernd, d.h. längerfristig, dienen.

Die Gewinn- und Verlustrechnung enthält **Erträge** und **Aufwendungen** und ermittelt aus der Differenz von beiden den **Gewinn** oder **Verlust** eines Unternehmens. In Kontenform kann sie wie in Abbildung 1.2 dargestellt skizziert werden.

Aktiva	Passiva

A. Anlagevermögen
I.   Immaterielle Vermögens-
     gegenstände
II. Sachanlagen
III. Finanzanlagen
B. Umlaufvermögen
I.   Vorräte
II. Forderungen und sonstige
     Vermögensgegenstände
III. Wertpapiere
IV. Schecks, Kassenbestand,
     Guthaben bei Kreditinstituten
C. Rechnungsabgrenzungsposten
D. Aktive latente Steuern
E. Aktiver Unterschiedsbetrag aus der
     Vermögensverrechnung
	A. Eigenkapital
	I. Gezeichnetes Kapital
	II. Kapitalrücklagen
	III. Gewinnrücklagen
	IV. Gewinn-/Verlustvortrag
	B. Rückstellungen
	C. Verbindlichkeiten
	D. Rechnungsabgrenzungsposten
	E. Passive latente Steuern

Abbildung 1.1: Aufbau der Bilanz

Aufwendungen	Erträge
Produktionsaufwendungen Anschaffungsaufwendungen Verwaltungsaufwendungen Vertriebsaufwendungen sonstige Aufwendungen Bestandsverminderungen Jahresgewinn	Umsatzerlöse (- Erlösschmälerungen) andere Betriebserträge Bestandserhöhungen sonstige Erträge (Verlust)

Abbildung 1.2: Gewinn- und Verlustrechnung in Kontenform

Für Herrn Aufschwung stellen sich bei der Gründung seines Unternehmens vor allem folgende Fragen:

- **Wie versorge ich mein Unternehmen mit dem erforderlichen Kapital?**
- **Wie verwende ich das Kapital gewinnbringend im Unternehmen?**

Die Versorgung des Unternehmens mit Kapital schlägt sich bilanziell auf der **Pas-**

sivseite nieder und stellt damit **Finanzierung** dar, während die Kapitalverwendung auf der **Aktivseite** erscheint und damit **Investition** darstellt. Neben den beiden hauptsächlichen Aufgaben, der Finanzierung und Investition, wird sich Herr Aufschwung auch mit Fragen des Zahlungsverkehrs, also der Kapitaldisposition, beschäftigen.

Im Unterschied zur Finanzbuchhaltung und zur Kosten- und Leistungsrechnung denkt Herr Aufschwung innerhalb der Finanzierung in den Kategorien „Einnahmen" und „Ausgaben" bzw. „Einzahlungen" und „Auszahlungen". Die Abgrenzung der Begriffe zeigen die Abbildungen 1.3 und 1.4.

Gesamtausgaben der Periode				
Ausgaben ohne Aufwandscharakter	Ausgaben mit Aufwandscharakter		Aufwand jetzt – Ausgabe später/früher (4)	Aufwand jetzt – Ausgabe nie (5)
Ausgabe jetzt - Aufwand nie (1)	Ausgabe jetzt - Aufwand später/früher (2)	Ausgabe jetzt - Aufwand jetzt (3)		

	Gesamtaufwand der Periode			
		Betrieblicher Zweckaufwand	Kalkulatorische Kosten	
Zweckfremder Aufwand (6)	Außerordentlicher Zweckaufwand	Ordentlicher Zweckaufwand = Grundkosten (9)	Anderskosten (10)	Zusatzkosten (11)
	außergewöhnlich (7)	periodenfremd (8)		
Neutraler Aufwand		**Gesamtkosten der Periode**		

Abbildung 1.3: Abgrenzung Ausgaben, Aufwand, Kosten

Während Einnahmen und Ausgaben den Zu- bzw. Abfluss von Geldvermögen, also Mehrungen/Minderungen in den Zahlungsmitteln, den Forderungen und Verbindlichkeiten, bedingen, handelt es sich bei **Einzahlungen** und **Auszahlungen** um Vorgänge, die den Zahlungsmittelbestand verändern.

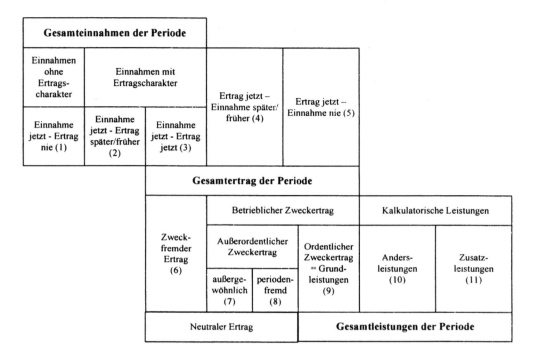

Abbildung 1.4: Abgrenzung Einnahmen, Ertrag, Leistungen

Die Abbildung 1.5 zeigt im Überblick die wesentlichen Unterschiede zwischen Betriebsbuchhaltung (Kostenrechnung), Geschäftsbuchhaltung (Finanzbuchhaltung) sowie den Finanzierungs- und Investitionsrechnungen. Die Betriebsbuchhaltung bildet die Leistungserstellung im Unternehmen wert- und mengenmäßig ab. Sie beinhaltet die Kostenarten-, Kostenstellen- und Kostenträgerrechnung und wird vor allem zur Erreichung von Wirtschaftlichkeitszielen eingesetzt. Die Geschäfts- oder Finanzbuchhaltung ist gesetzlich vorgeschrieben. Die Bilanz stellt zeitpunktbezogen Vermögen und Schulden gegenüber, die Gewinn- und Verlustrechnung ermittelt zeitraumbezogen den Unternehmenserfolg. Durch die Gegenüberstellung von Erfolg und Kapitalgrößen wird die Rentabilität dargestellt. Die Finanzierungs- und Investitionsrechnungen verfolgen als zwei wesentliche Hauptziele die Sicherstellung der jederzeitigen Zahlungsbereitschaft sowie die Optimierung der Investitionstätigkeit.

	Kostenrechnung	Finanzbuchhaltung	Finanzierungs- und Investitionsrechnungen
Rechnungs-typ	kalkulatorisch	buchhalterisch	pagatorisch
Rechnungs-ziele	• Ermittlung reali-sierter Kosten • Prognose zukünfti-ger Kosten • Planung, Steuerung und Kontrolle des Unternehmungs-prozesses	• (Globale) Erfolgs-ermittlung • Vermögensdar-stellung • Schuldendar-stellung • Auswertung in der Bilanzanalyse	• Ermittlung des reali-sierten Liquiditäts-saldos • Prognose des zukünfti-gen Liquiditätssaldos • Auswertung in der Finanzanalyse
Strömungs-größen	Kosten und Leistungen	Aufwand und Ertrag	Ausgaben und Einnahmen
Bestands-größen	-	Vermögen und Schulden	Liquiditätssaldo
Erfasste Güter-mengen	• sachzielbezogener Güterverbrauch und • sachzielbezogene Güterentstehung	vorhandener Bestand an Vermögen und Schulden	sämtliche Bewegungen und Bestände an Geld
Wertansatz	Wertansatz rech-nungs- bzw. entschei-dungszielabhängig	Wertansatz nach Bewertungsvor-schriften	Wertansatz bestimmt durch realisierte bzw. zu-künftige Einnahmen und Ausgaben
Bezugs-größen	Periode und Stück	Perioden und Zeit-punkte	Perioden und Zeitpunkte

Abbildung 1.5: Wichtige Unterschiede zwischen Betriebsbuchhaltung, Geschäftsbuch-haltung sowie Finanzierungs- und Investitionsrechnungen

1.2 Begriffliches

Bevor wir an die Lösung von Problemen gehen, die Herrn Aufschwung beschäfti-gen, sollen zunächst weitere wichtige Begriffe erklärt werden.

Im Rahmen der Finanzierung wird häufig der Begriff des Kapitals gebraucht. Eu-gen Schmalenbach (1873-1955) hat diesen als abstrakte Wertsumme der betriebs-wirtschaftlichen Bilanz interpretiert. Volkswirte verstehen unter ihm den dritten

Produktionsfaktor neben Boden und Arbeit. Oft wird Kapital auch als Geld für Investitionszwecke oder sogar als Synonym zu Geld aufgefasst.

Im bilanziellen Sinn wird innerhalb des Kapitals zwischen **Eigen-** und **Fremdkapital** unterschieden. Beide Kategorien stellen Ansprüche an das Unternehmen dar. Verbindlichkeiten des Unternehmens gegen den/die Eigentümer sind Eigenkapital, solche gegenüber Dritten (z.B. Lieferanten oder Banken) Fremdkapital. Die wesentlichen Unterschiede zwischen Eigen- und Fremdkapital zeigt die Abbildung 1.6:

	Eigenkapital (EK)	Fremdkapital (FK)
Kapitalgeber / Rechtsverhältnis	Ist am Unternehmen beteiligt	Gläubiger, keine Beteiligung am Unternehmen
Haftung des Kapitalgebers	Mit Einlage, ggf. auch mit Privatvermögen	Keine Haftung
Rückzahlung	Anteiliger Anspruch auf Liquidationserlös	Anspruch auf Rückzahlung des FK
Entgelt	Gewinn- und Verlustbeteiligung	I.d.R. fester Zinsanspruch
Mitbestimmung des Kapitalgebers	Grundsätzlich zur Mitbestimmung berechtigt	Grundsätzlich nicht zur Mitbestimmung berechtigt
Verfügbarkeit des Kapitals	Grundsätzlich zeitlich unbegrenzt verfügbar	Grundsätzlich zeitlich begrenzt verfügbar
Steuern	Eigenkapitalzinsen sind steuerlich nicht absetzbar (kein Aufwand)	Fremdkapitalzinsen sind steuerlich als Aufwand absetzbar
Umfang	Durch finanzielle Kapazität / Bereitschaft der EK-Geber begrenzt	Durch Einschätzung vom Risiko und Sicherheiten beschränkt
Interesse des Kapitalgebers	Erhalt des Unternehmens	Erhalt seines Kapitals

Abbildung 1.6: Unterschiede zwischen Eigen- und Fremdkapital

Von besonderer Bedeutung in der Finanzierung ist die Sicherstellung der jederzeitigen Fähigkeit, den Zahlungsverpflichtungen nachkommen zu können, die so genannte **Liquidität**. Sie wird als Kennzahl oder absolute Größe ermittelt, geplant und gesteuert. Als Kennzahl werden dabei verschiedene Liquiditätsgrade verwendet, auf die im Kapitel 7 näher eingegangen wird. Als absolute Größe kommt sie in Form von so genannten Fonds in Kapitalflussrechnungen zum Einsatz, die ebenfalls in Kapitel 7 besprochen werden. Fehlende Liquidität ist die Hauptursache von Insolvenz! Wenn ein Unternehmen zu jedem Zeitpunkt den dann fälligen Zahlungsverpflichtungen nachkommen kann, befindet es sich im finanziellen Gleichgewicht.

Daneben ist die **Rentabilität**, das Verhältnis aus Gewinn zu Umsatz oder Kapital, von herausragender Bedeutung. Als Beispiel können die Zinsen auf dem Sparbuch (2% des Anlagebetrages) oder auch Aktiengewinne (Dividenden und Kurssteigerungen in Relation zum Kapitaleinsatz) dienen.

Rentabilität und Liquidität stellen finanzwirtschaftliche Ziele jedes Unternehmens dar, die sich jedoch konkurrenzieren. Als weiteres wichtiges Ziel kann die Sicherstellung einer möglichst hohen **Unabhängigkeit** des Unternehmens gelten.

1.3 Aufgabe zu Kapitel 1

Aufgabe 1:
Geben Sie Beispiele für die Zahlungsstromkategorien (jeweils 1 bis 11) der Abbildungen 1.3 und 1.4.

2 Kapitalbedarfsplanung

Lernziel: Dieses Kapitel verdeutlicht die Relevanz pagatorischer Mittelfluss-betrachtungen. Es werden Methoden der Kapitalbedarfsermittlung sowie eine Einführung in die Finanzplanung geboten.

2.1 Kapitalbedarfsermittlung

Um den Kapitalbedarf eines Unternehmens frühzeitig abschätzen zu können, muss das benötigte Vermögen hinreichend genau und frühzeitig geplant werden. Der Gesamtkapitalbedarf ermittelt sich dabei aus der Summe von **Anlagekapitalbedarf** und **Umlaufkapitalbedarf**.

Der **Anlagekapitalbedarf** ergibt sich in der Regel aus der Investitionsplanung des Unternehmens. Er weist die Anschaffungsausgaben für alle zu beschaffenden Anlagegüter aus. Neben den Anschaffungspreisen beinhalten diese auch z.B. Transport-, Montage- und Versicherungskosten. Bei der Gründung von Unternehmen fallen häufig auch Ausgaben für die Gründung (z.B. Notariatsgebühren) an und Ausgaben für die Ingangsetzung des Geschäftsbetriebs (z.B. für Gutachten).

In der Praxis wird für höherwertige Investitionsgüter meist auch eine so genannte Investitionsrechnung zur Überprüfung der Vorteilhaftigkeit der Investition durchgeführt. Im Rahmen dieses Buches wird auf die Verfahren der Investitionsrechnung in Kapitel 6 eingegangen.

Der **Umlaufkapitalbedarf** kann nach der kumulativen oder nach der elektiven Methode berechnet werden. Beiden zu Grunde liegt zunächst die Ermittlung der durchschnittlichen Kapitalbindungsdauer des Umlaufvermögens (Rohstoffe, Produktionsdauer, Produkte und Debitoren) sowie der durchschnittlichen täglichen Ausgaben (Ausgaben für Werkstoffe, Löhne und Gemeinkosten). Eine Verfeinerung des Verfahrens ergibt sich durch eine integrierte aktionsbasierte Budgetierung, worauf hier nicht eingegangen werden soll. Die **kumulative Methode** ermittelt den Umlaufkapitalbedarf durch Multiplikation der gesamten Kapitalbindungsdauer mit den durchschnittlichen Ausgaben, während die **elektive Me-**

thode die unterschiedlichen Kapitalbindungsdauern berücksichtigt, wie es auch in Abbildung 2.1 skizziert ist.

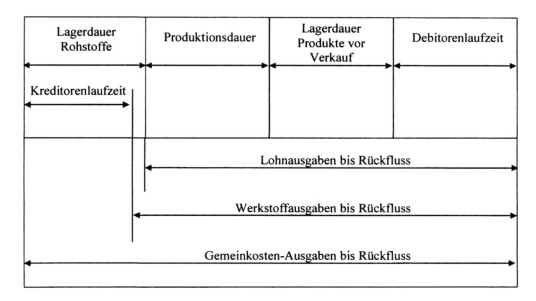

Abbildung. 2.1: Kapitalbindungsdauern im Umlaufvermögen

Herr Aufschwung ermittelt zunächst seinen Kapitalbedarf im Anlagevermögen. Er benötigt einen Lieferwagen, verschiedene Maschinen, Werkzeuge sowie Büro- und Geschäftsausstattung. Dafür errechnet er einen Kapitalbedarf von 150.000 €. Für das Umlaufvermögen geht er von folgenden Basisdaten aus:

Lagerdauer Rohstoffe	60 Tage
Kreditorenlaufzeit	10 Tage
Produktionsdauer	30 Tage
Standzeit bis Verkauf	70 Tage
Debitorenlaufzeit	20 Tage
Durchschnittlicher täglicher Werkstoffeinsatz	200 €
Durchschnittlicher täglicher Lohneinsatz	300 €
Durchschnittliche tägliche Gemeinkosten-Ausgaben	100 €

In der **kumulativen Methode** ergibt sich damit eine durchschnittliche Kapital-

bindungsdauer von 170 Tagen (60-10+30+70+20) und damit ein Umlaufkapitalbedarf von 600 € multipliziert mit 170, ergo 102.000 €.

Die **elektive Methode** errechnet mit größerer Genauigkeit folgende Kapitalbindungsdauern:

- Lohnausgaben   120 Tage (30+70+20)
- Ausgaben für Werkstoffe   170 Tage (60-10+30+70+20)
- Ausgaben für Gemeinkosten   180 Tage (60+30+70+20)

Damit ergibt sich hier ein Umlaufkapitalbedarf von 36.000 (120×300 €) im Bereich der Löhne, 34.000 € an Werkstoffen (170×200 €) sowie 18.000 € (180×100
€) an Gemeinkosten-Ausgaben, gesamt demnach 88.000 €.

Daraus resultiert folgender Gesamtkapitalbedarf, den es zu finanzieren gilt:

	Kumulative Methode	Elektive Methode
Anlagekapitalbedarf	150.000 €	150.000 €
Umlaufkapitalbedarf	102.000 €	88.000 €
Gesamtkapitalbedarf	252.000 €	238.000 €

Herr Aufschwung wird sich daher Gedanken machen müssen, wie er diesen Kapitalbedarf finanzieren kann.

2.2   Finanzplanung

Unter der Beachtung von Rentabilitäts- und Unabhängigkeitszielen ist die Finanzplanung primär auf die Sicherstellung der jederzeitigen Zahlungsbereitschaft ausgerichtet. Dazu wird ein **Finanzplan** erstellt, der ausgehend vom Zahlungsmittel-
Anfangsbestand die geplanten Einnahmen addiert, die geplanten Ausgaben subtrahiert und damit den Zahlungsmittel-Endbestand ermittelt. Unter Zahlungsmittel
werden dabei Bargeld (Banknoten, Münzen), Buchgeld (sofort verfügbare Gutha-
ben bei Kreditinstituten = Sichteinlagen) und Geldersatzmittel (Schecks, Wechsel)
verstanden. Reichen Zahlungsmittelbestand und Einnahmen nicht aus, die Ausgaben zu decken, sind zusätzliche Mittel im Rahmen der Finanzierung zu erbringen,

um liquide zu bleiben und Insolvenz zu vermeiden. Werden Einnahmen und Ausgaben auf die Basis von Zahlungsmitteln bezogen, spricht man auch von **Einzahlungen** und **Auszahlungen**. Vereinfacht ist ein Finanzplan in Abbildung 2.2 dargestellt:

Einzahlungen	Finanzplan	Auszahlungen
Anfangsbestand Zahlungsmittel		
- Einzahlungen aus Absatz	- Auszahlungen zur Beschaffung von Produktionsfaktoren	
- Einzahlungen aus Finanzanlagen	- Auszahlungen für Zinsen	
- Einzahlungen aus Subventionen	- Auszahlungen für Tilgungen	
- Einzahlungen aus Steuererstattungen	- Auszahlungen für Steuern	
- Einzahlungen aus Desinvestition	- Auszahlungen für Investitionen	
- Einzahlungen aus Kreditaufnahme	- Auszahlungen für Herabsetzungen des Eigenkapitals	
- Einzahlungen aus Eigenkapital-erhöhungen		
	Endbestand Zahlungsmittel	

Abbildung 2.2: Finanzplan - Aufbau

Theoretisch kann ein Finanzplan auf der Basis pragmatischer (Meinungen, Erfahrungen etc.), kausaler (Ableitung aus anderen Plangrößen) oder extrapolierender
Prognosen (z.B. exponentielle Glättung, lineare Regression) erstellt werden. In der
Praxis wird er in der Regel aus der operativen Jahresplanung abgeleitet. Aus Um-
satz- und Kostenplan ergibt sich das Betriebsergebnis. Daraus werden kalkulatorische Kosten und Leistungen eliminiert, neutrale Aufwendungen und Erträge integ-
riert und ggf. müssen zeitliche Abgrenzungen berücksichtigt werden. Neben der
geplanten Veränderung von Bilanzkonten (vor allem Vorräte, Debitoren, Kredito-
ren) werden nun noch die geplanten Ausschüttungen, Kapitalerhöhungen, Kapital-
herabsetzungen, Investitionen, Desinvestitionen, Kreditaufnahmen und Schulden-
tilgungen benötigt, um den Finanzplan abzuleiten.

Herr Aufschwung hat nach einigen Jahren Geschäftstätigkeit die in Abbildung 2.3
dargestellten Einnahmen und Ausgaben für das Jahr 2010 errechnet. Ohne die Zu-
fuhr von Kapital wäre er damit illiquide und müsste Insolvenz anmelden.

Anfangsbestand Zahlungsmittel 1.1.2010	10.000 €
- Einzahlungen aus Absatz	200.000 €
- Einzahlungen aus Finanzanlagen	0
- Einzahlungen aus Subventionen	0
- Einzahlungen aus Steuererstattungen	0
- Einzahlungen aus Desinvestition	0
- Einzahlungen aus Kreditaufnahme	0
- Einzahlungen aus Eigenkapitalerhöhungen	0
Summe Einzahlungen	210.000 €
- Auszahlungen zur Beschaffung von Produktionsfaktoren	180.000 €
- Auszahlungen für Zinsen	
- Auszahlungen für Tilgungen	
- Auszahlungen für Steuern	
- Auszahlungen für Investitionen	160.000 €
- Auszahlungen für Herabsetzungen des Eigenkapitals	
Summe Auszahlungen	340.000 €
Endbestand Zahlungsmittel 31.12.2010	- 130.000 €

Abbildung 2.3: Finanzplan für das Jahr 2010

2.3 Systematisierung von Finanzierungsalternativen

Bevor wir Herrn Aufschwung einen vernünftigen Weg zur Vermeidung der Insolvenz aufzeigen, sollen zunächst Finanzierungsalternativen systematisiert werden. Eine Einteilung nach der Kapitalhaftung zeigt Abbildung 2.4.

Die **Eigenfinanzierung** umfasst dabei sowohl Erhöhungen des Eigenkapitals als auch die Finanzierung aus Gewinn- und Abschreibungsgegenwerten. Die **Fremdfinanzierung** beinhaltet die Kreditfinanzierung und die Finanzierung aus Rückstellungsgegenwerten. Kredit- und Beteiligungsfinanzierung fließen dem Unternehmen von außen zu, sie werden unter dem Begriff Außenfinanzierung zusammengefasst.

Rechtlich ist die Außenfinanzierungsform entweder dem Eigen- oder dem Fremdkapital zuzuordnen. Wirtschaftlich treten auch Mischformen auf, die so genannten **Mezzanine**-Finanzierungsformen. Darunter fallen u.a. partiarische Darlehen mit gewinnabhängiger Verzinsung, stille Beteiligungen oder Genussscheine. Mezzanine Finanzierungen treten häufig bei Management-Buy-Outs auf. Mezzanine kommen vor allem dann in Betracht, wenn eine Direktbeteiligung nicht möglich oder erwünscht ist, andererseits jedoch die Eigenmittelausstattung eine weitere Aufnahme von Kreditmitteln nicht zulässt. Diese Form der Finanzierung ist generell teurer als eine herkömmliche Fremdfinanzierung. Einen Vergleich zeigt die Abbildung 2.5.

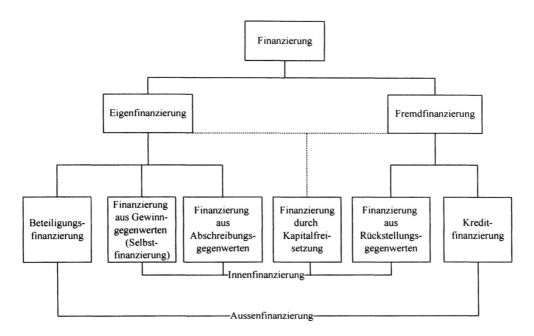

Abbildung 2.4: Systematisierung der Finanzierung nach der Kapitalhaftung

	Eigenkapital	Mezzanine	Fremdkapital
Haftungsreihenfolge	erstrangig	zweitrangig	drittrangig
Handels- und steuerrechtlicher Aufwand	kein Betriebsaufwand	in der Regel Aufwand	Aufwand
Laufzeit	unbefristet	befristet	befristet

Abbildung 2.5: Mezzanine-Finanzierung im Vergleich zu Eigen- und Fremdkapital

Differenziert man **Außen-** und **Innenfinanzierung** weiter, so ergibt sich das in Abbildung 2.6 skizzierte Bild:

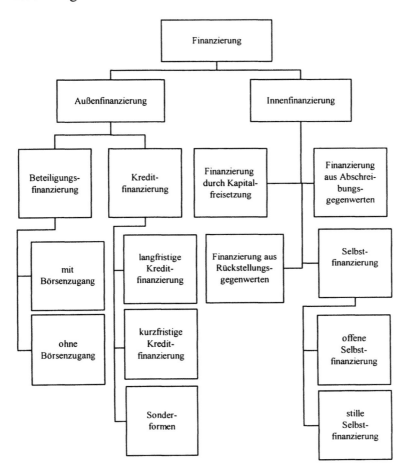

Abbildung 2.6: Systematisierung der Finanzierung nach Außen- und Innenfinanzierung

Dieser Abbildung folgend werden in den Kapiteln 3 und 4 die verschiedenen Alternativen der Finanzierung besprochen. Außenfinanzierung kann als Beteiligungs- oder Kreditfinanzierung erfolgen. Bei der Beteiligungsfinanzierung kann zwischen Unternehmen mit Börsenzugang und solchen ohne Börsenzugang differenziert werden. Bei der Kreditfinanzierung unterscheiden wir lang- und kurzfristige Kredite sowie Sonderformen. Die Innenfinanzierung kann als Selbstfinanzierung offen oder verdeckt erfolgen. Innenfinanzierung kann auch aus Abschreibungs- oder Rückstellungsgegenwerten sowie aus sonstigen Kapitalfreisetzungen resultieren.

2.4   Aufgaben zu Kapitel 2

Aufgabe 2: Kapitalbedarfsermittlung

Für eine Unternehmensgründung liegen Ihnen folgende Planungsdaten vor:

Rohstofflagerdauer:	25 Tage
Lieferantenziel:	20 Tage
Produktionsdauer:	30 Tage
Fertigwarenlager:	10 Tage

Von Ihren Kunden verlangen Sie eine Teilzahlung in Höhe von 30 % bei Auslieferung der Ware, auf den Rest wird ein Zahlungsziel von 30 Tagen gewährt.

Durchschnittlicher täglicher Rohstoffeinsatz:	2.500 €
Durchschnittlicher täglicher Lohneinsatz:	15.000 €
Durchschnittlicher täglicher Gemeinkosteneinsatz:	5.000 €
Kapitalbedarf des Anlagevermögens:	450.000 €
Kapitalbedarf für Gründung und Ingangsetzung:	40.000 €

Berechnen Sie den Gesamtkapitalbedarf.

Aufgabe 3: Finanzplan

Fallstudie Blumen-Großhändler

Budgets in T€:

Absatzplan	Januar	Februar	März
Schnittblumen	240	280	420
Topfblumen	80	60	120
Total	320	340	540

Kostenstellen Lager und Vertrieb	Januar	Februar	März
Löhne/Gehälter	65	65	65
Miete	12	12	12
Treibstoff	4	4	7
Energie Kühllager	4	4	6
Kalk. Abschreibungen und Kalk. Zinsen	14	14	14
Sonstige Gemeinkosten	8	8	16
Total	107	107	120
Kostenstellen Einkauf und Verwaltung	Januar	Februar	März
Löhne/Gehälter	39	39	39
Reisespesen	8	10	10
Sonstige Gemeinkosten	7	7	11
Total	54	56	60

a) Erstellen Sie die Planerfolgsrechnung für das erste Quartal

b) Erstellen Sie den Finanzplan für das erste Quartal

- Alle Pflanzen werden an Blumenläden geliefert. Schnittblumen sind bei Ablieferung, Topfblumen innerhalb von 30 Tagen zu bezahlen. Der Debitorenbestand beträgt per 1.1. = 60 T€.
- Die Schnittblumen werden importiert und sind bei Übernahme zahlbar.
- Die Topfpflanzen stammen aus einheimischen Gärtnereien. Lagerbestand per 1. 1. = 50 T€, Einkauf am 25. 1. = 40 T€, Einkauf am 25.2. = 60 T€ je gegen Rechnung zahlbar innerhalb von 10 Tagen.
- In allen Löhnen und Gehältern sind Sozialkosten von 20% eingerechnet. Diese sind jedoch erst am Ende des Quartals zahlbar. Es gibt keinen 13. Monatslohn.
- Dem Elektrizitätswerk ist im Januar eine Pauschalzahlung für den gesamten erwarteten Bezug im ersten Quartal zu leisten.
- Bei den Reisespesen handelt es sich zur Hälfte um Barausgaben und zur anderen Hälfte um Belastungen auf der Kreditkarte. Die Kreditkarte wird mit 30 Tagen Verspätung abgerechnet. Im Dezember betrug die Kreditkartenabrechnung 3 T€.
- Die sonstigen Gemeinkosten sind zahlungswirksam.
- Die zusätzlichen Zahlungen für außerbetrieblichen Aufwand, Bankzinsen, Tilgungen und Investitionen betragen im Januar 20 T€, im Februar 2 T€ und im März 15 T€.
- Am 1. 1. beträgt der Bestand an liquiden Mitteln 50 T€.

Aufgabe 4: Zuordnung zu Finanzierungsformen

Geschäftsvorfälle:

1. Aufnahme eines kurzfristigen Bankkredits

2. Kauf einer Maschine aus Abschreibungsgegenwerten

3. Bildung einer Pensionsrückstellung

4. Verkauf einer nicht benötigten Maschine, um Vorräte aufzustocken

5. Bildung von Gewinnrücklagen

6. Ausgabe neuer Aktien durch die Aktiengesellschaft

Ordnen Sie den Geschäftsvorfällen durch Ankreuzen in der Tabelle die relevanten Finanzierungsarten zu.

Finanzierungsart	EF	FF	VU	IF	AF

Abkürzungen:
EF = Eigenfinanzierung, FF = Fremdfinanzierung,
VU = Finanzierung durch Vermögensumschichtung,
IF = Innenfinanzierung, AF = Außenfinanzierung.

3 Außenfinanzierung

Lernziel: Dieses Kapitel behandelt die Finanzierungsinstrumente der Außenfinanzierung. Sie lernen Formen der Kredit- und Beteiligungsfinanzierung sowie Sonderformen der Finanzierung kennen und ihren Einsatz kritisch zu reflektieren.

3.1 Kreditfinanzierung

3.1.1 Kreditwürdigkeit und Kreditsicherheiten

Bei der Kreditfinanzierung wird dem Unternehmen von außen, also von Dritten, **Fremdkapital** zugeführt. Dadurch entstehen **Gläubigerrechte**, dies bedeutet, dass

- die Kreditgeber generell keine Mitspracherechte bei der Geschäftsführung besitzen,
- die Kreditdauer zeitlich befristet ist,
- keine Beteiligung an Vermögenszuwachs und stillen Reserven erfolgt,
- in der Regel Vorabbefriedigungsrecht im Konkursfall besteht,
- in der Regel ein fester Zins zu bezahlen ist und
- ein Rechtsanspruch auf Rückzahlung des Kredits besteht.

Fremdkapitalgeber können sein
- Lieferanten,
- Kunden,
- Finanzdienstleister,
- institutionelle Anleger,
- andere Unternehmen,
- private Anleger und
- die öffentliche Hand.

Die Vergabe eines Kredits an einen Kreditnehmer setzt grundsätzlich dessen **Kreditfähigkeit** und **Kreditwürdigkeit** voraus.

Die Kreditfähigkeit ist die rechtliche Voraussetzung für Kreditgewährung. Sie erfordert die Rechtsfähigkeit der natürlichen Person bzw. des Unternehmens sowie die Vertretungsberechtigung und Geschäftsfähigkeit des Antragstellers.

Die Kreditwürdigkeit ergibt sich zum einen als persönliche, diese resultiert aus der persönlichen Vertrauenswürdigkeit des Kreditnehmers, und zum anderen als wirtschaftliche, die auf der Ertragskraft und den Sicherheiten des Kreditnehmers basiert.

Die persönliche Kreditwürdigkeit resultiert dabei vor allem aus den Erfahrungen der Vergangenheit und aus dem Verhalten des Kreditnehmers gegenüber Kreditgebern. Die wirtschaftliche Kreditwürdigkeit hinsichtlich der Ertragskraft und damit der Rückzahlungsmöglichkeit erfolgt durch Analyse der vergangenen und geplanten Geschäftsentwicklung des Kreditnehmers. Instrumente dabei sind z.B. Jahresbilanzen, Prüfungsberichte, Registerauszüge, Absatzpläne, Finanzpläne. Darüber hinaus werden die gestellten Sicherheiten hinsichtlich ihrer Werte und Realisierbarkeit überprüft. Bei den Sicherheiten kann man eine Unterscheidung in Personal- und Realsicherheiten treffen:

Realsicherheiten	Personalsicherheiten
• Hypothek	• Bürgschaft
• Grundschuld	• Garantie
• Pfandrechte	
• Sicherungsübereignung	
• Eigentumsvorbehalt	
• Zession	

Abbildung 3.1: Real- und Personalsicherheiten

Bei den Realwerten werden Sachwerte oder Rechte dem Kreditgeber als dingliche Haftung zur Verfügung gestellt, während bei den Personalsicherheiten eine dritte Person gegenüber dem Kreditgeber haftet. Eine andere Unterteilung systematisiert nach akzessorischen und fiduziarischen Sicherheiten:

Akzessorische Sicherheiten	Fiduziarische Sicherheiten
• Hypothek	• Grundschuld
• Pfandrecht	• Sicherungsübereignung
• Bürgschaft	• Garantie
• Schuldbeitritt	• Zession
	• Eigentumsvorbehalt

Abbildung 3.2: Akzessorische und fiduziarische Sicherheiten - Arten

Akzessorische Sicherheiten sind dadurch gekennzeichnet, dass vollkommene Abhängigkeit der Kreditsicherheit vom Rechtsbestand der gesicherten Forderung herrscht. Bei fiduziarischen Sicherheiten hingegen ist Kreditsicherheit unabhängig von der gesicherten Forderung zu betrachten. Folgende Merkmale können unterschieden werden:

Akzessorische Sicherheiten	Fiduziarische Sicherheiten
• Sicherheit in Forderungshöhe • Geltendmachung nur mit Nachweis der Forderungshöhe • nur gemeinsame Übertragung von Kreditsicherheit und Forderung • keine Wiederauflebung • keine Mithaftung für andere Verbindlichkeiten des Kreditnehmers	• Sicherheit in voller Höhe der Sicherheit (z. B. in Höhe des Grundbucheintrags) • Vollstreckbarkeit ohne Nachweis der Forderungshöhe, aber Auskehrungspflicht im Innenverhältnis • getrennte Übertragung möglich • Wiederverwendung freier Sicherheitsanteile • Mithaftung für alle Verbindlichkeiten des Kreditnehmers

Abbildung 3.3: Akzessorische und fiduziarische Sicherheiten - Merkmale

Für die Kapitalgeber sind die fiduziarischen Sicherheiten zu bevorzugen, da sie ihnen im Außenverhältnis gegenüber Dritten eine isolierte Rechtsstellung unabhängig von der Forderung einräumen.

In der Praxis werden daher **Grundschulden** (§§ 1191 ff. BGB) und nicht **Hypotheken** (§§ 1113 ff. BGB) als Sicherheiten vereinbart. Grundschulden entstehen durch Einigung und Eintragung in das Grundbuch, der Kreditnehmer haftet mit seinem Grundstück und dessen Bestandteilen. Unser Herr Aufschwung könnte z.B. zur Finanzierung seines Anlagekapitalbedarfs seiner Hausbank alternativ eine Hypothek oder eine Grundschuld anbieten. Bei einer Darlehenshöhe von 150.000 € und einer vereinbarten jährlichen Tilgung von 30.000 € zuzüglich Zinsen, beliefe sich das Darlehen nach 2 Jahren auf 90.000 €. Bei Vorliegen einer Hypothek entspricht dies auch dem Betrag der Sicherheit, bei der Grundschuld besteht nach wie vor eine Sicherheit von 150.000 €. Benötigt Theo Aufschwung nun ein neues Darlehen von 30.000 €, so muss bei der Hypothek eine neue Sicherheit beigebracht werden, bei Grundschulden in der Regel jedoch nicht.

Zur Sicherung können auch bewegliche Vermögensgegenstände verpfändet werden (§§ 1204 ff. BGB). Dazu sind die Einigung zwischen den Parteien und die Übergabe des Vermögensgegenstandes an den Gläubiger nötig. Dies schränkt den Einsatz von **Pfandrechten** in der Praxis ein. So ist es für Herrn Aufschwung unproblematisch seine Lebensversicherungspolice oder sein Wertpapierdepot zu verpfänden; eine Maschine, die er täglich zur Aufrechterhaltung seiner Produktion benötigt, kann jedoch nicht in den Tresorraum der Bank wandern.

Dieser Nachteil der körperlichen Übergabe wird bei der **Sicherungsübereignung**, einem Rechtskonstrukt aus der Beleihungspraxis, durch ein Besitzmittlungsverhältnis nach § 930 BGB vermieden. Herr Aufschwung kann also seine Maschine der Bank sicherungsübereignen, darf diese jedoch weiterhin in seinen Räumen nutzen und für Produktionszwecke einsetzen. Probleme können auftreten, wenn es sich nicht um Einzelüberlassungen, sondern z.B. um sich ständig hinsichtlich Wert und Zusammensetzung verändernde Warenlager handelt. Das Risiko für den Kreditgeber ist bei der Sicherungsübereignung höher als bei der Verpfändung.

Die **Zession** stellt eine Sicherungsabtretung dar. Als abtretbare Rechte kommen in der Praxis vor allem Forderungen aus Lieferungen und Leistungen zum Einsatz. Im Rahmen eines Zessionsvertrages tritt der Altgläubiger (Zedent) dem Neugläubiger (Zessionär) Rechte ab. So kann Herr Aufschwung Forderungen, die er an Kunden hat, an seine Bank als Sicherheiten abtreten. Dies kann als „stille Zession" oder „offene Zession" erfolgen. Bei der stillen Zession erfahren die Kunden von Herrn Aufschwung nichts von der Abtretung, bei der offenen werden sie darüber informiert.

Liefert Herr Aufschwung gegen Rechnung mit einem Zahlungsziel an seine Kunden, so sichert er diese Kreditgewährung seinen Kunden gegenüber, indem er einen **Eigentumsvorbehalt** festlegt. Bei einfachem Eigentumsvorbehalt (§ 455 BGB), der z. B. bei Handelswaren eingesetzt wird, hat er die Möglichkeit bei Zahlungsverzug des Käufers seinen Rücktritt zu erklären und die Herausgabe der Sache zu fordern. Der einfache Eigentumsvorbehalt kann unter bestimmten Bedingungen unwirksam werden, daher findet man in der Praxis auch die Formen des verlängerten und erweiterten Eigentumsvorbehalts.

Bürgschaft, Garantie und **Schuldbeitritt** sind Personalsicherheiten. Bei der Bürgschaft (§§ 765 ff. BGB, 349f. HGB) wird zwischen dem Bürgen und dem Gläubiger eines Dritten ein Vertrag geschlossen, indem sich der Bürge verpflichtet, für die Schulden des Dritten einzustehen. So könnte beispielsweise Alfred Murksel, ein Verwandter von Theo Aufschwung, für diesen bei der ABC Bank bürgen. Bürgschaften können zeitlich und wertmäßig begrenzt werden. Bei Garantien verpflichtet sich der Garantiegeber bei Eintritt eines bestimmten Erfolges Gewähr zu leisten. Beim Schuldbeitritt tritt eine weitere Person dem Kreditnehmer bei und

haftet gesamtschuldnerisch für den Kreditbetrag. Dies könnte z. B. die Lebens-abschnittsgefährtin von Herrn Aufschwung für dessen Betriebsmittelkredit sein.
Die „Neue Basler Eigenkapitalvereinbarung", besser bekannt unter dem Kürzel „**Basel II**", erforderte neue Kapitalanforderungen für die Banken und eine risiko-adäquate Bepreisung der Bankkredite, die durch Rating-Systeme erfolgt. Die stär-kere Berücksichtigung der kundenindividuellen Sicherheiten und Risiken hat sich in den Refinanzierungsmodalitäten der Unternehmen durch eine größere Band-breite an Zinssätzen niedergeschlagen.

3.1.2   Kreditarten

Kurzfristige Kredite

Die Abbildung 3.4 zeigt eine Einteilung des Fremdkapitals nach der Fristigkeit, wie sie sich auf der Grundlage vor allem des HGB ergibt:

Fristigkeit des Fremdkapitals	Zeitspanne	Beispiel	Vorschrift
kurzfristig - **enge Fassung** - **weite Fassung**	bis 90 Tage bis 360 Tage	Handelswechsel Kontokorrentkredit	§ 19 Abs. 1 BundesbankG § 268 Abs. 5 HGB
mittelfristig	mehr als 90 bzw. 360 Tage bis zu 5 Jahren	Anzahlung im Groß-anlagenbau Darlehen	§ 268 HGB i.V.m. § 285 HGB
langfristig	über 5 Jahre	Schuldscheindarlehen Obligationen	§ 285 HGB § 268 HGB

Abbildung 3.4: Fristigkeit des Fremdkapitals

Unter die kurzfristigen Finanzierungsformen fallen insbesondere:
- **Lieferantenkredit,**
- **Kontokorrentkredit,**
- **Kundenanzahlung,**
- **Avalkredit,**
- **Wechseldiskontkredit und**
- **Lombardkredit.**

Auf weitere kurzfristige Kreditarten wie Commercial Papers, Euronotes, Medium Term Notes, Akzeptkredit sowie Kredite im Auslandsgeschäft (z.B. Akkreditiv, Rembourskredit, Negoziierungskredit) soll hier nicht näher eingegangen werden.

Beim **Lieferantenkredit** räumt der Verkäufer seinem Kunden ein Zahlungsziel ein. Mit der Gewährung dieses Kredites, der in der Regel durch Eigentumsvorbehalt gesichert wird, verfolgt der Lieferant primär absatzpolitische Ziele. So möchte Herr Aufschwung seinen Absatz an Tischen und Stühlen vergrößern, indem er seinen Kunden ein Zahlungsziel von 30 Tagen gewährt. Gleichzeitig räumt er ihnen bei einer Zahlung innerhalb von 10 Tagen 2% Skonto ein. Der Kunde Müller hat bei Herrn Aufschwung eine Rechnung von 1000 € zu begleichen, er überlegt, ob er den Skontoabzug in Anspruch nehmen und sein Kontokorrentkonto bei derzeit 12% Zinsen pro Jahr überziehen soll. Der Jahresprozentsatz der Kapitalkosten ergibt sich nach folgender Faustformel:

$$i = \frac{S}{(z-s)} \times 360,$$

wobei i der zu berechnende Zinssatz, S der Skontosatz in %, z das gesamte Zahlungsziel und s die Skontofrist darstellt.

Herr Müller errechnet:
$$i = \frac{2\%}{(30-10)} \times 360,$$
also $i = 36\%$

Die Effektivverzinsung entspricht damit 36%, sie liegt wesentlich höher als die Kosten des Kontokorrentkredits. Herr Müller wird daher Skonto abziehen. Genauer lässt sich die Effektivverzinsung mit folgender Formel berechnen:

$$i = \left(\frac{Zielpreis}{Barpreis}\right)^{\frac{365}{(z-s)}} - 1$$

Es errechnet sich:
$$i = \left(\frac{1000}{980}\right)^{\frac{365}{20}} - 1,$$
demnach $i = 0,4459$ oder $i = 44,59\,\%$

Die Faustformel hätte hier also ein viel zu niedriges Ergebnis ausgewiesen.

Ein **Kontokorrentkredit** (§§ 355 ff. HGB) liegt vor, wenn ein Kreditinstitut einem Kreditnehmer eine Kreditlinie auf seinem Girokonto einräumt. Anders ausgedrückt, stellt der Kontokorrentkredit einen Negativsaldo des Girokontos dar. Über die Kreditlinie hinaus gestatten die Banken bisweilen Überziehungskredite. Der Kontokorrentkredit ist ein teurer Kredit, der kurze Laufzeiten aufweist, aber in der Regel ständig prolongiert, d.h. verlängert wird.

Die **Kundenanzahlung** wird häufig dort eingesetzt, wo zwischen Planung und Fertigstellung der Leistung eine längere Zeitdauer liegt, wie z.B. im Großanlagenbau. Häuslebauer kennen die Kundenanzahlung in Form von Abschlägen, die nach den jeweiligen Bauphasen fällig werden. Sie führt zu Liquidität und Sicherheit beim Lieferanten.

Der **Avalkredit** ist kein Kredit im eigentlichen Sinn, er stellt eine Kreditleihe dar. Dabei übernimmt ein Kreditinstitut im Auftrag eines Kunden (Avalkreditnehmer) gegenüber einem Dritten (Avalbegünstigter) eine Bürgschaft oder Garantie. Als Beispiele können Zollavale, Frachtavale, Prozessavale, Bietungsgarantien oder Holzgeldavale genannt werden.

Die Bedeutung von **Wechseldiskontkrediten** ist seit der Aufgabe der Rediskontpolitik als Instrument der Geldmengensteuerung im Zuge der Übertragung der Geldpolitik von der Deutschen Bundesbank auf die Europäische Zentralbank seit 1999 stark gesunken. Ein Wechsel stellt ein schriftliches Zahlungsversprechen dar, das Wertpapiercharakter besitzt. Ein Wechsel ist eine Urkunde, die die unbedingte Anweisung des Ausstellers an den Bezogenen (Schuldner) enthält, eine bestimmte Geldsumme an einem bestimmten Tag und Ort an die im Wechsel genannte Person oder deren Order zu zahlen. Die Urkunde muss im Text als Wechsel bezeichnet sein. Früher wurden Wechsel von der Bundesbank zu sehr günstigen Konditionen angekauft (diskontiert). Heute werden sie als Kategorie II-Sicherheit vom europäischen System der Zentralbanken akzeptiert.

Der **Lombardkredit** stellt die Ausreichung eines Darlehens gegen Faustpfand dar (§§ 1204 ff. BGB). In der Regel wird ein fester Betrag für eine bestimmte Dauer ausgereicht. Es gibt Effekten-, Wechsel-, Waren-, Edelmetall- und Forderungslombardkredite. Der Nachteil des Lombardkredits ist die Verpfändung der zugrunde liegenden Sicherheit und deren Verbleib beim Kreditgeber. Eine Nutzung des Pfandes für Produktionszwecke entfällt damit. Für Betriebsmittelkredite ist daher die Sicherungsübereignung besser geeignet.

Langfristige Kredite

Unter die mittel- und langfristigen Kredite (vgl. Abb. 3.4) fallen insbesondere:

- **Obligationen (Schuldverschreibungen, Anleihen),**
- **Schuldscheindarlehen,**
- **langfristige Bankkredite sowie**
- **langfristige Darlehen von nicht institutionellen Kreditgebern.**

Obligationen werden auch als Schuldverschreibungen oder Anleihen bezeichnet. Sie stellen langfristige, verzinsliche Darlehen dar, die meist fest verzinst werden und von Unternehmen oder vom Staat über die Börse bei einer Vielzahl von Darlehensnehmern aufgenommen werden. Als fungible Wertpapiere werden diese Teilschuldverschreibungen am Kapitalmarkt gehandelt.

Neben normalen Anleihen werden besondere Formen angeboten, die neben Zins und Tilgung weitere Rechte gewähren, dies sind insbesondere: Wandelanleihen, Optionsanleihen, Gewinnschuldverschreibungen und auch Genussscheine.

Wandelanleihen beinhalten das Recht, innerhalb einer bestimmten Frist in Aktien der ausgebenden Gesellschaft umgewandelt zu werden. Nicht gewandelte Schuldverschreibungen werden am Ende der Laufzeit getilgt. Wandelrecht und Anleihe bilden eine Einheit, sie können nicht getrennt werden.

Bei der **Optionsanleihe** erhält der Inhaber das Recht, zusätzlich während eines bestimmten Zeitraums zu einem vorher festgesetzten Preis Wertpapiere (in der Regel Aktien) zu erwerben. An der Börse werden bis zu drei Notierungen für eine Optionsanleihe angegeben:

- **Optionsanleihe mit Optionsschein,**
- **Optionsanleihe ohne Optionsschein sowie**
- **Optionsschein.**

Gewinnschuldverschreibungen enthalten oftmals neben einer festen Grundverzinsung eine dividendenabhängige Zusatzverzinsung. Genussscheine verbriefen Genussrechte (z.B. an Gewinn und Liquidationserlös), beinhalten jedoch keine Mitgliedschaftsrechte (z.B. Stimmrecht). Man kann sie damit nicht eindeutig dem Eigen- oder Fremdkapital zuordnen.

Schuldscheindarlehen können im Gegensatz zu Obligationen auch von nicht emissionsfähigen Gesellschaften ausgegeben werden. Als Kreditgeber treten Kapitalsammelstellen (z.B. Lebensversicherer, Sozialversicherungen, Banken) auf. Da keine Börsennotierung erfolgt, sind die Ausgabekosten niedriger als bei Obligationen, der Zinssatz von Schuldscheindarlehen ist in der Regel jedoch höher. Schuldscheindarlehen erfordern eine einwandfreie Bonität des Gläubigers sowie die Besicherung durch Grundpfandrechte. Von besonderer Bedeutung ist die Deckungsstockfähigkeit. Sie bildet die Voraussetzung, dass Versicherungsunternehmer als Schuldscheindarlehensgeber fungieren können. Der Deckungsstock stellt Sondervermögen dar, das getrennt vom sonstigen Vermögen der Versicherung verwaltet wird, besonders geschützt ist und besonderen gesetzlichen Bestimmungen des Versicherungsaufsichtsgesetzes unterliegt.

Langfristige Bankkredite und **langfristige Darlehen von nicht institutionellen Kreditgebern** sind für kleine und mittlere Unternehmen von großer Bedeutung, da diese keinen Zugang zu Obligationen oder Schuldverschreibungen haben. Neben Banken treten z.B. Bausparkassen, Versicherungsunternehmen und Privatpersonen als Kapitalgeber auf. Langfristige Darlehen werden meist durch Grundpfandrechte besichert, sie treten in folgenden Formen auf:

- **Annuitätendarlehen,**
- **Abzahlungsdarlehen und**
- **Festdarlehen.**

Bisweilen wird vereinbart, dass sich Auszahlungsbetrag und Nominalwert des Darlehens unterscheiden. Der entstehende Abschlag wird als Disagio oder Damnum bezeichnet. Nimmt Herr Aufschwung z.B. ein Darlehen von 100.000 € auf, wobei nur 94.000 € zur Auszahlung kommen, so beträgt das Disagio 6.000 €.

Bei **Annuitätendarlehen** bleibt die jährliche Rate aus Zins und Tilgung über die Laufzeit gleich. Dies bedeutet, dass der Zinsanteil im Zeitablauf abnimmt und der Tilgungsanteil im Zeitablauf zunimmt. Bei den **Abzahlungsdarlehen** bleibt die Tilgungsrate während der Laufzeit gleich, das heißt, die Zinsrate nimmt ab. Bei **Festdarlehen** erfolgt die Tilgung zum Ende der Laufzeit, während dieser werden nur Zinsen bezahlt.

Nimmt Herr Aufschwung z.B. ein Darlehen von 100.000 € für 5 Jahre auf, so ergibt sich für die drei Darlehensarten folgende Entwicklung:

Annuitätendarlehen

Bei jährlich nachschüssiger Zahlung ergibt sich die Rate als Produkt aus Darlehensbetrag und Annuitätenfaktor. Der Annuitätenfaktor $\dfrac{(1+i)^n \times i}{(1+i)^n - 1}$ ergibt bei einem Zinssatz i von 10% und einer Laufzeit $n = 5$ Jahre 0,263797481.

Damit lässt sich folgende Tabelle erstellen:

Jahr	Schuld Beginn	Zins	Tilgung	Annuität	Schuld Ende
1	100.000,00	10.000,00	16.379,75	26.379,75	83.620,25
2	83.620,25	8.362,02	18.017,73	26.379,75	65.602,52
3	65.602,52	6.560,26	19.819,49	26.379,75	45.783,03
4	45.783,03	4.578,31	21.801,44	26.379,75	23.981,59
5	23.981,59	2.398,16	23.981,59	26.379,75	0

Abbildung 3.5: Annuitätendarlehen

Abzahlungsdarlehen

Bei jährlich gleich bleibender Tilgung ergibt sich ein jährlicher Tilgungsbetrag von 20.000 €. Es lässt sich folgende Tabelle erstellen:

Jahr	Schuld Beginn	Zins	Tilgung	Zahlung p.a.	Schuld Ende
1	100.000 €	10.000 €	20.000 €	30.000 €	80.000 €
2	80.000 €	8.000 €	20.000 €	28.000 €	60.000 €
3	60.000 €	6.000 €	20.000 €	26.000 €	40.000 €
4	40.000 €	4.000 €	20.000 €	24.000 €	20.000 €
5	20.000 €	2.000 €	20.000 €	22.000 €	0 €

Abbildung 3.6: Abzahlungsdarlehen

Festdarlehen

Beim Festdarlehen erfolgt die Tilgung am Ende der Laufzeit. Damit ergeben sich 10.000 € Zinsen pro Jahr. Es lässt sich folgende Tabelle erstellen:

Jahr	Schuld Beginn	Zins	Tilgung	Zahlung p.a.	Schuld Ende
1	100.000 €	10.000 €	0 €	10.000 €	100.000 €
2	100.000 €	10.000 €	0 €	10.000 €	100.000 €
3	100.000 €	10.000 €	0 €	10.000 €	100.000 €
4	100.000 €	10.000 €	0 €	10.000 €	100.000 €
5	100.000 €	10.0000 €	100.000 €	110.000 €	0 €

Abbildung 3.7: Festdarlehen

Herr Aufschwung überlegt den Kauf eines Einfamilienhauses zum Preis von

450.000 €. Er hat Eigenmittel von 100.000 €. Seine Bank bietet ihm einen Kredit als Annuitätendarlehen zu 5% Zins bei anfänglich 1% Tilgung. Welche Restschuld hat Herr Aufschwung nach 10 Jahren? Wie viel Zinsen hat er bis dann bezahlt? Wie könnte sich das Darlehen bei unterschiedlichen Zinssätzen nach Ablauf der Zinsbindungsfrist (10 Jahre) weiter entwickeln?

3.2 Beteiligungsfinanzierung

3.2.1 Beteiligungsfinanzierung für Unternehmen ohne Börsenzugang

Beteiligungsfinanzierung liegt vor, wenn dem Unternehmen von derzeitigen und/oder zukünftigen Eigentümern bei Gründung, Kapitalerhöhung oder Neuaufnahme von Gesellschaftern Eigenkapital in Form von Geld- oder Sacheinlagen oder Rechten und Lizenzen zugeführt wird.

Neben der Finanzierungsfunktion beinhaltet die Beteiligungsfinanzierung auch Haftungs-, Repräsentations-, Akquisitions-, Brems-, Erfolgsverrechnungsbasis- und ggf. Geschäftsführungsfunktion.

Von besonderer Relevanz ist dabei die Rechtsform des Unternehmens. Während Aktiengesellschaften und Kommanditgesellschaften auf Aktien als emissionsfähige Unternehmen prinzipiell Börsenzugang haben, trifft dies auf alle übrigen Rechtsformen (inklusive kleiner Aktiengesellschaften) nicht zu. Neben der Rechtsform ergeben sich durch die Rechtsstellung der Eigenkapitalgeber unterschiedliche Rechtsfolgen (z.B. Haftung, Mitbestimmung, Gewinnanteile, Mitsprache usw.) und steuerliche Unterschiede/Konsequenzen (Einkommensteuer, Körperschaftssteuer etc.).

Die wesentlichen Merkmale von nicht-emissionsfähigen Personengesellschaften bzw. Einzelkaufleuten zeigt die Abbildung 3.8.

Einzelunternehmen können Beteiligungsfinanzierung durch Privateinlagen, Gewinnthesaurierung oder Aufnahme stiller Gesellschafter vornehmen.

Merkmale	Einzelkaufmann	Personengesellschaften			
		OHG	KG	Stille Gesellschaft	Bürgerliche Gesellschaft
Eigentümer	Kaufmann	Gesellschafter	a) Komplementäre b) Kommanditisten	Geschäftsinhaber	Gesellschafter
Mindestzahl der Gründer	1	2	a) 1 b) 1	2	2
Mindestkapital und -anteil	kein festes Eigenkapital, keine Mindesteinlage	kein festes Eigenkapital, keine Mindesteinlage	a) wie Einzelkaufmann b) feste Einlage in beliebiger Höhe	wie OHG-Einlage, nominell festgelegt	nach Vereinbarung
Haftung	unbeschränkt persönlich	gesamtschuldnerisch, jeder Gesellschafter unmittelbar, unbeschränkt und solidarisch für die Gesellschaft	nach Eintragung ins Handelsregister Komplementäre unbeschränkt, Kommanditisten bis zur Höhe ihrer Einlage (davor beide unbeschränkt)	stiller Gesellschafter nimmt am Verlust nur bis zur Höhe seiner Einlage teil. Haftung des Inhabers nach Rechtsform der Gesellschaft	alle Gesellschafter unbeschränkt
Steuern			keine Körperschaftssteuer		
Organe	Kaufmann	Gesellschafter	Komplementäre	-	Gesellschafter
Gesetzliche Grundlagen	§§ 1-104 HGB	§§ 105-160 HGB, §§ 705-740 BGB	§§ 105-160 HGB, §§ 161-177 HGB, §§ 705-740 BGB	§§ 230-236 HGB	§§ 705-740 BGB

Abbildung 3.8: Nicht-emissionsfähige Personengesellschaften und Einzelkaufleute

Die OHG kann ihr Eigenkapital durch Erhöhung der Einlagen der Gesellschafter oder durch Aufnahme neuer Gesellschafter erhöhen. Ebenfalls möglich ist Gewinnthesaurierung sowie die Aufnahme stiller Gesellschafter. Beides gilt im Wesentlichen auch für die bürgerliche Gesellschaft.

Bei der KG können neben neuen Komplementären auch neue Kommanditisten aufgenommen werden, Thesaurierung und Aufnahme stiller Gesellschafter sind ebenfalls möglich.

Die stille Gesellschaft stellt eine reine Innengesellschaft dar, sie muss nach außen nicht in Erscheinung treten. Es werden typische und atypische stille Gesellschaft unterschieden.

Die wesentlichen Merkmale von nicht-emissionsfähigen Kapitalgesellschaften zeigt die Abbildung 3.9:

Merkmale	Kapitalgesellschaften	
	GmbH	**eG**
Eigentümer	Gesellschafter	Genossen
Mindestzahl der Gründer	1	7
Mindestkapital und -anteil	• festes Stammkapital • mindestens 25.000 € • Mindestanteil 100 €	• kein festes Grundkapital • Mindesteinlage laut Statuten
Haftung	Gesellschaftsvermögen haftet in voller Höhe (vor Eintragung ins Handelsregister haften alle Gesellschafter solidarisch, danach schulden sie nur ihre rückständige Einlage)	• den Gläubigern haftet nur das Vermögen der Genossenschaft • Nachschusspflicht laut Statuten möglich
Steuerliche Behandlung	Körperschaftssteuer	Körperschaftssteuer mit Vergünstigung
Organe	• Geschäftsführer • Gesellschafterversammlung • Evtl. Aufsichtsrat	• Vorstand • Aufsichtsrat • Generalversammlung
Gesetzliche Grundlagen	GmbH-Gesetz, §§ 238-336 HGB	Genossenschaftsgesetz, §§ 336-339 HGB

Abbildung 3.9: Nicht-emissionsfähige Kapitalgesellschaften

Die **Unternehmergesellschaft (haftungsbeschränkt)** wurde in Deutschland im Zuge der Reform des GmbH-Rechts durch das Gesetz zur Modernisierung des GmbH-Rechts und zur Bekämpfung von Missbräuchen (MoMiG) als besondere Form der herkömmlichen GmbH eingeführt (§ 5a GmbHG). Sie ist eine GmbH mit einem geringeren als dem Mindestkapital gem. § 5a GmbHG und daher mit einer besonderen Bezeichnung. Sie ist juristische Person und (im Regelfall) voll körperschaftsteuer- und gewerbesteuerpflichtig und muss ihre Jahresabschlüsse veröffentlichen.

Eine Eigenkapitalerhöhung bei der GmbH kann durch Aufnahme neuer Gesellschafter, Erhöhung des Stammkapitals durch die Gesellschafter oder Gewinnthesaurierung erfolgen.

Bei der Genossenschaft kann Eigenkapital durch Aufnahme neuer Genossen, Erhöhung der Haftsummenzuschläge oder Thesaurierung zugeführt werden.

Von zunehmender Bedeutung für junge innovative Unternehmen ist die Beschaffung von Venture Capital (Risiko-, Chancen- oder Wagniskapital) auf bestimmte Zeit. Darunter versteht man Eigenkapital oder eigenkapitalähnliche Mittel, die von außerhalb des organisierten Kapitalmarktes von so genannten Beteiligungsgesellschaften in Unternehmen eingebracht werden. Diese üben in der Regel Kontroll-, Informations- und Mitentscheidungsrechte aus, ggf. übernehmen sie Managementfunktionen (mit). Venture Capital dient der Finanzierung von Aktivitäten mit hohem Risiko und hohem Kapitalbedarf.

Ebenfalls von Relevanz sind die so genannten Buy-Out-Finanzierungen. Das interne, ein externes Management oder die Mitarbeiter werden von Angestellten zu Unternehmern. Wesentliche Formen sind:

⇨ Management Buy-Out (MBO): Das Management übernimmt ein Unternehmen ganz oder teilweise.
⇨ Management Buy-In (MBI): Externe Manager kaufen ein Unternehmen ganz oder teilweise.
⇨ Belegschafts-Buy-Out (BBO): Eine Vielzahl von Mitarbeitern erwirbt wesentliche Anteile des Unternehmens.
⇨ Spin-Offs: Substanzwerte eines Unternehmens „Aktiva" werden ausgegliedert und verselbständigt.

3.2.2 Beteiligungsfinanzierung für Unternehmen mit Börsenzugang

Emissionsfähige Unternehmen haben Zugang zum Kapitalmarkt, d.h. zur Wertpapierbörse. Unter Emission versteht man die Ausgabe von Aktien und anderen Wertpapieren. Damit ist eine Kapitalbeschaffung bei breiten Anspruchsgruppen möglich. Emissionsfähige Unternehmen sind Aktiengesellschaften und Kommanditgesellschaften auf Aktien. Seit 1994 (Gesetzesnovelle) erfreut sich die Aktiengesellschaft für mittlere Unternehmen („kleine AG") zunehmender Beliebtheit.

Neben der einfacheren Beschaffung von Eigenkapitalbeträgen durch Aufteilung in viele kleine Aktienanteile und der damit verbundenen hohen Handelbarkeit (Fungibilität) dieser, stellt vor allem die Abkoppelung der Geschäftsführung von den Investoren einen wesentlichen Vorteil emissionsfähiger Unternehmen dar.

Die wesentlichen Merkmale von emissionsfähigen Kapitalgesellschaften zeigt die Abbildung 3.10.

Merkmale	Kapitalgesellschaften	
	KGaA	AG
Eigentümer	a) Komplementäre b) Kommanditisten	Aktionäre
Mindestzahl der Gründer	5	1
Mindestkapital und -anteil	festes Grundkapital, mindestens 50.000 €	festes Grundkapital, mindestens 50.000 €
Haftung	nach Eintragung ins Handelsregister Komplementäre unbeschränkt, Kommanditisten bis zur Höhe ihrer Einlage (davor beide unbeschränkt)	Gesellschaftsvermögen haftet in voller Höhe (vor Eintragung ins Handelsregister haften alle Handelnden persönlich und unbeschränkt)
Steuerliche Behandlung	Körperschaftssteuer	Körperschaftssteuer
Organe	• Komplementäre • Aufsichtsrat • Hauptversammlung	• Vorstand • Aufsichtsrat • Hauptversammlung
Gesetzliche Grundlagen	§§ 278-290 AKtG, §§ 238-335 HGB	AktG

Abbildung 3.10: Merkmale von emissionsfähigen Kapitalgesellschaften

Bei einer Aktiengesellschaft gehört das Unternehmen den Aktionären, die Unternehmensanteile besitzen, so genannte **Aktien**. In Deutschland lauten die Aktien in der Regel auf einen Nennwert, z.B. 100 €. Gründet Herr Aufschwung z.B. eine Aktiengesellschaft mit einem gezeichneten Kapital (Grundkapital) von 1.000.000 € und gibt Aktien zu einem **Nennwert** von 100 € aus, ist das Kapital in 10.000 Aktien gestückelt.

Neben **Nennwertaktien** gibt es **Quoten-** und **Stückaktien**. Quotenaktien lauten auf eine bestimmte Quote am Reinvermögen, z.B. ein Zehntausendstel. Quotenaktien sind in Deutschland verboten, in den USA jedoch weit verbreitet. Stückaktien sind in Deutschland seit 1998 erlaubt, bei ihrer Ausgabe ist in der Satzung die Anzahl der insgesamt umlaufenden Aktien anzugeben.

Nach der Übertragbarkeit unterscheidet man **Namens-** und **Inhaberaktien**. Inhaberaktien stellen in Deutschland die Regel dar, sie sind durch Einigung und Übergabe verkaufbar. Namensaktien lauten auf den Namen des Aktionärs und sind im Aktienbuch der Gesellschaft eingetragen. Ihre Übergabe erfolgt durch Einigung, Übergabe der indossierten Aktie und Umschreibung im Aktienbuch der Gesellschaft. **Vinkulierte Namensaktien** (lateinisch vinculum = die Fessel) können nur übertragen werden, wenn die Gesellschaft zustimmt.

Nach dem Umfang der Rechte werden **Stamm-** und **Vorzugsaktien** unterschieden. Stammaktien gewähren ihrem Inhaber die im Aktiengesetz normalerweise vorgesehenen Rechte. Vorzugsaktien können Vorrechte bei Stimmrecht, Dividende oder Liquidation aufweisen.

Eine Zwischenform zwischen Aktien und Fremdkapital stellen die so genannten **Genussscheine** dar, die Genussrechte verbriefen. Diese sehen zwar Vermögensrechte, aber keine Stimm- oder andere Eigentümerrechte vor. Sie können begrenzte oder unbegrenzte Laufzeit aufweisen und an der Börse gehandelt werden.

Das Eigenkapital einer Aktiengesellschaft umfasst die in Abbildung 3.11 aufgeführten Positionen.

Kapitalrücklagen entstehen, wenn zwischen Ausgabekurs und Nennwert von Aktien eine Differenz besteht. Gibt Herr Aufschwung in obigem Beispiel seine Aktien (10.000 Stück) mit einem Nennwert von 100 € zu einem Ausgabekurs von 120 € aus, so entsteht eine Kapitalrücklage von 200.000 € (10.000 Stück à 20 €). Gewinnrücklagen entstehen, wenn erwirtschaftete Gewinne im Unternehmen bleiben (thesauriert werden) und nicht oder nur teilweise als Dividende an die Aktionäre abfließen.

			Rechnerisches Eigenkapital	Effektives Eigenkapital
I.	Gezeichnetes Kapital	Nominalkapital		
II.	Kapitalrücklage			
III.	Gewinnrücklagen			
1.	Gesetzliche Rücklage			
2.	Satzungsmäßige Rücklagen			
3.	Andere Gewinnrücklagen			
IV.	Gewinnvortrag/Verlustvortrag			
V.	Jahresüberschuss/Jahresfehlbetrag			
	Bilanzielles Eigenkapital			
VI.	Stille Reserven			

Abbildung 3.11: Eigenkapitalbestandteile einer Aktiengesellschaft

Hinsichtlich der Ausgabe von Aktien kann man Erstemissionen, d.h. Going Public bisher nicht börsennotierter AGs oder KGaAs, von Kapitalerhöhungen unterscheiden.

Im Jahre 2004 fand ein Going Public (Initial Public Offering) der Postbank AG statt, die damit zum börsennotierten Unternehmen wurde. Von besonderer Problematik dabei war die Festlegung des „richtigen" Ausgabekurses, der zunächst nicht marktkonform bewertet worden war und dann nach unten korrigiert wurde.

Kapitalerhöhungen dienen in der Regel dem sofortigen oder späteren Geldmittelzufluss zu Finanzierungszwecken. Sie treten in folgenden Arten auf:

- **ordentliche Kapitalerhöhung (§§ 182-191 AktG),**
- **bedingte Kapitalerhöhung (§§ 192-201 AktG) und**
- **genehmigtes Kapital (§§ 202-206 AktG).**

Eine Kapitalerhöhung ohne Geldmittelzufluss stellt die **Kapitalerhöhung aus Gesellschaftsmitteln (§§ 207-220 AktG)** dar. Bei ihr fließt kein Geld von außen zu, es findet ein reiner Passivtausch statt.

Die Normalform der Kapitalerhöhung ist die ordentliche Kapitalerhöhung. Dabei werden junge Aktien ausgegeben, wobei die bisherigen Aktionäre prinzipiell ein Bezugsrecht entsprechend ihrer bisherigen Beteiligung haben. Damit soll die bisherige Stellung der Aktionäre innerhalb der AG bewahrt bleiben. Durch einen Beschluss der Hauptversammlung mit einer 75%-Mehrheit kann das Bezugsrecht ausgeschlossen werden.

Der Wert des Bezugsrechts wird rechnerisch wie folgt ermittelt:

$$B = \frac{K_a - K_n}{\dfrac{a}{n} + 1}$$

Dabei sind:

B	=	rechnerischer Wert des Bezugsrechts
K_a	=	Börsenkurs der Aktie vor Kapitalerhöhung
K_n	=	Ausgabekurs der jungen Aktie
a	=	Anzahl der Aktien vor Kapitalerhöhung
n	=	Anzahl der jungen Aktien
$a{:}n$	=	Bezugsverhältnis

Unser Theo Aufschwung plant die Erweiterung seines Geschäftsbetriebes im Rahmen der horizontalen Diversifikation durch Kauf einer Beteiligung einer im Schwarzwald gelegenen Sägerei. Der Börsenkurs seiner Aktien liegt mittlerweile bei 150 €/Stück. Er möchte sein Grundkapital von derzeit 1.000.000 € auf 1.250.000 € erhöhen. Für die jungen Aktien plant er ein Aufgeld (Agio) von 25%, also einen Ausgabekurs von 125%.

Zunächst berechnet er den – bei unveränderten Umweltbedingungen – realistischen neuen Mittelkurs:

	Grundkapital (€)	Nennwert (€)	Kurs (%)	Zahl der Aktien (Stück)	Gesamtwert (€)
Alte Aktien	1.000.000	150		10.000	1.500.000
Junge Aktien	250.000	125		2.500	312.500
Gesamt neu	1.250.000	?		12.500	1.812.500

Durch die Division des neuen Gesamtwertes von 1.812.500 € durch die neue Anzahl der Aktien von 12.500 ergibt sich ein neuer Mittelkurs von 145 € je Aktie.

Das Bezugsverhältnis beträgt 4:1 (10.000 : 2.500). Setzt man die Zahlen in die oben dargestellte Formel ein, so ergibt sich ein rechnerischer Wert des Bezugsrechts von 5 €.

Dieser wird wie folgt berechnet:

$$B = \frac{150 - 125}{\dfrac{4}{1} + 1} = 5$$

Übt ein Altaktionär, der 4 Aktien besitzt, sein Bezugsrecht aus, so besitzt er nun 5 Aktien à 145 €, also insgesamt 725 €. Dies entspricht dem Wert der alten 4 Aktien von insgesamt 600 € sowie dem Ausgabekurs einer neuen Aktie von 125 €.

Übt der Aktionär sein Bezugsrecht nicht aus, sondern verkauft dieses, reduziert sich der Wert seiner 4 Aktien von 600 € auf 580 €. Dafür erzielt er nun 20 € aus dem Verkauf seiner 4 Bezugsrechte.

Sind die jungen Aktien an der Dividende des laufenden Geschäftsjahres noch nicht beteiligt, so kommt folgende Formel zu Anwendung:

$$B = \frac{K_a - (K_n + d_n)}{\dfrac{a}{n} + 1},$$

wobei d_n den Dividendennachteil einer jungen Aktie darstellt.

Aktien werden an Börsen gehandelt. Der wichtigste Börsenplatz in Deutschland ist die Wertpapierbörse der Deutsche Börse Group in Frankfurt am Main. Wertpapierbörsen gibt es ferner in Berlin, Bremen, Düsseldorf, Hamburg, Hannover, München und Stuttgart. Neben Aktien können an Börsen alle möglichen fungiblen Gegenstände gehandelt werden, wie z. B. Devisen, Schweinehälften, Kaffee, Anleihen, Genussscheine oder Optionsscheine. Zeiten steigender Kurse werden als **Hausse**, Zeiten fallender Kurse als **Baisse** bezeichnet.

Die wichtigsten Börsensegmente des deutschen Börsenhandels sind Amtlicher Handel, Geregelter Markt, Freiverkehr und Prime Standard. Diese Segmente unterscheiden sich hinsichtlich der Zulassungsbedingungen für Wertpapiere und rechtlicher Regelungen.

Als Benchmark besonders interessant sind die für bestimmte Aktien ermittelten Kennzahlen, die so genannten Indizes. Die wichtigsten deutschen Indizes sind in Abbildung 3.12, die wichtigsten internationalen in Abbildung 3.13 dargestellt.

Wichtige Unterschiede zwischen den Indizes zeigen sich in der Gewichtung der einzelnen Aktien. Man unterscheidet kapitalisierungsgewichtete, gleichgewichtete und preisgewichtete Indizes.

Kurzbe- zeichnung	Name	Umfang
DAX	Deutscher Akti- enindex	Beinhaltet die 30 größten Werte des Prime Standard der Frankfurter Wertpapierbörse.
MDAX	Midcap-DAX	Beinhaltet die 50 nächstgrößten Werte des Prime Standard der Frankfurter Wertpapier- börse.
SDAX	Smallcap-DAX	Beinhaltet die 50 größten auf den MDAX folgenden Werte des Prime Standard der Frankfurter Wertpapierbörse.
TecDAX	Technology- DAX	Beinhaltet die 30 größten Technologie- Werte des Prime Standard der Frankfurter Wertpapierbörse.

Abbildung 3.12: Aktienindizes der Frankfurter Wertpapierbörse

Name	Umfang
Dow Jones Industrial Index	Beinhaltet die 30 wichtigsten Industriewerte der New Yorker Börse an der Wall Street.
Dow Jones STOXX 50	Beinhaltet die wichtigsten 50 Titel des gesamt- europäischen Raumes.
Dow Jones Euro STOXX 50	Beinhaltet die wichtigsten 50 Titel aus den Staaten der Eurozone.
Nikkei Index 300	Beinhaltet 300 an der Tokioter Börse gehandelte Blue Chips.
Swiss Market Index	Beinhaltet die 20 wichtigsten an der Schweizer Börse gehandelten Unternehmen.
Swiss Performance Index	Beinhaltet alle an der Schweizer Börse gehandelten Unternehmen.
Hong Kong Hang Seng Index	Beinhaltet die Kurse von 42 Unternehmen, die an der Hong Konger Börse gehandelt werden.

Abbildung 3.13: Wichtige internationale Aktienindizes

Nicht erst seit H. Markowitzs (Nobelpreisträger 1990) Erkenntnissen der Portfolio-Theorie streben Anleger Risikominimierung durch Diversifikation an. Dies hat zu

einer zunehmenden Bedeutung von Investmentfonds geführt, die von Investment-
gesellschaften geführt werden. Diese nehmen Anlagegelder gegen die Ausgabe von
Anteilsscheinen von Investoren (privaten wie institutionellen) auf und investieren
diese an den Kapitalmärkten.

Dazu bedienen sie sich wie Aktieninvestoren der Instrumente der Aktienanalyse.
Der Wert einer Aktie wird als Kurs dargestellt. Dabei treten verschiedene Kurs-
arten auf, u.a. sind dies:

- **Bilanzkurs,**
- **Börsenkurs und**
- **Ertragswertkurs.**

Der **einfache Bilanzkurs** wird berechnet, indem man das bilanzierte Eigenkapital
durch das Grundkapital dividiert.

Theo Aufschwungs Grundkapital beträgt nach der ordentlichen Kapitalerhöhung
1.250.000 €, es besteht eine Kapitalrücklage aus Agios von 262.500 €, daraus resultiert ein gesamtes Eigenkapital von 1.512.500 €. Der Bilanzkurs beträgt damit
121%.

Bezieht man die stillen Reserven (nicht bilanziell ausgewiesenes Eigenkapital, das
aus Unterbewertung von Aktiva oder Überbewertung von Passiva resultiert) in die
Betrachtung ein, kann ein **korrigierter Bilanzkurs** ermittelt werden.

Aufschwungs Firmengrundstück ist nach dem Niederstwertprinzip in der Bilanz zu
den damaligen Anschaffungskosten von 50.000 € im Anlagevermögen aufgeführt.
Verkauft werden könnte es problemlos für 287.500 €. Die stillen Reserven aus
diesem Sachverhalt betragen 237.500 €; um diesen Betrag wird das Eigenkapital
für die Berechnung des korrigierten Bilanzkurses erhöht. Der korrigierte Bilanzkurs beträgt demnach 140%. Im Liquidationsfall dürfte damit eine 100€ - Aktie
140 € wert sein. Der Wert der Aufschwung-Aktie lautet jedoch aktuell nicht auf
140 €, sondern auf 145 €. Daraus folgt, dass es einen Nutzen geben muss, der sich
nicht aus dem Substanzwert des Unternehmens ableiten lässt.

Theo Aufschwung ist neben seiner beruflichen Tätigkeit als Schreinermeister auch
als Hobby-Landwirt tätig. Da er immer weniger Zeit für seine Milchkuh Zenzi zur
Verfügung hat, überlegt er, diese zu veräußern. Sein Nachbar, der Metzgermeister
Sauter, bietet ihm 400 € für das Tier. An Nettorückflüssen aus der Vermarktung

der Milch könnte unser Herr Aufschwung 6 Jahre lang je 150 € erzielen. Herr Aufschwung erwartet generell eine Kapitalrendite von 10%.

Er berechnet den Kapitalwert seiner Zenzi, indem er die Nettorückflüsse auf den heutigen Zeitpunkt abzinst:

$$C_0 = \sum_{t=0}^{n} (E_t - A_t) \times \frac{1}{(1+i)^t} .$$

Dabei sind:

C_0 = Kapitalwert

E_t = Einzahlungen der Periode t

A_t = Auszahlungen der Periode t

i = Kalkulationszinssatz

t = einzelne Perioden von 0 bis n

In unserem Fall beträgt die Differenz aus E_t und A_t 150 €, dieser Betrag fällt über die Nutzungsdauer in gleicher Höhe an. Die Kapitalwertgleichung lässt sich wie folgt vereinfachen:

$$C_0 = \sum_{t=0}^{n} R_t \times \frac{(1+i)^n - 1}{(1+i)^n \times i} .$$

Im Beispiel ergibt sich:

$$C_0 = \sum_{t=0}^{n} 150 \times \frac{1,1^6 - 1}{1,1^6 \times 0,1}$$

$$C_0 = 653,3 \ €.$$

Bei 10% Zins ist es also lohnender, die Zenzi nicht zu veräußern. Es zeigt sich, dass der Wert einer Kuh wie auch eines Unternehmens nicht am gegenwärtigen **Substanzwert,** sondern bei vorgesehener weiterer Nutzung am **Ertragswert** ausgerichtet ist.

Diese Erkenntnis findet sich auch im Ertragswertkurs von Aktien wieder, der wie folgt definiert ist:

Ertragswertkurs einer Aktie in € = $\dfrac{\text{Ertragswert des Unternehmens in } \text{€}}{\text{Anzahl Aktien}}$.

Der Ertragswert des Unternehmens kann dabei analog den oben stehenden Kapitalwertüberlegungen ermittelt werden:

a) bei unterschiedlichen Nettorückflüssen und begrenzter Nutzungsdauer

$$EW = \sum_{t=0}^{n} R_t \times \frac{1}{(1+i)^t}$$

mit:

EW = Ertragswert

R_t = Nettorückflüsse der Periode t

i = Kalkulationszinssatz

t = einzelne Perioden von 0 bis n,

b) bei gleich bleibenden Nettorückflüssen und begrenzter Nutzungsdauer

$$EW = \sum_{t=0}^{n} R_t \times \frac{(1+i)^n - 1}{(1+i)^n \times i} \text{ und}$$

c) bei gleich bleibenden Nettorückflüssen und unbegrenzter Nutzungsdauer

$$EW = \frac{R_t}{i} \, .$$

Bilanzkurs und Ertragswertkurs stellen eine Orientierungshilfe zur Beurteilung der Entwicklung des Börsenkurses einer Aktie dar. Zur Aktienanalyse werden weitere Instrumente herangezogen. Diese lassen sich in drei Klassen einteilen:

a) Fundamentalanalyse,
b) Technische Analyse,
c) Random-Walk-Hypothese.

Die **Fundamentalanalyse** beruht auf der Grundannahme, dass der Börsenkurs einer Aktie durch den inneren Wert des Unternehmens bestimmt wird. Sie basiert entweder auf investitionstheoretischen Grundlagen und ermittelt dabei aus den zukünftig zu erwartenden Rückflüssen den Barwert, wie oben bei den Ausführungen zum Ertragswert dargestellt. Statisch-orientierte Verfahren der Fundamentalanalyse basieren auf Kennzahlen wie der Price-Earning-Ratio, in Deutschland als Kurs-Gewinn-Verhältnis (KGV) bezeichnet, dem Kurs-Umsatzverhältnis, dem Kurs-Buchwert-Verhältnis oder dem Kurs-Cash Flow-Verhältnis.

Die **Technische Analyse** basiert auf der Annahme, dass sich alle den Kurs beeinflussenden Faktoren auf seinen Wert niederschlagen. Als Hilfsmittel werden Kursdiagramme verwendet. Methoden zur Gesamtmarktanalyse sind:

• Dow Theorie,
• Advance Decline-Linie,
• Elliot-Wellen-Theorie,
• gleitende Durchschnittslinien,
• Unterstützungs- und Widerstandslinien sowie
• Trendlinien und -kanäle.

Als Methoden zur Einzelwertanalyse kommen zum Einsatz:

• Relative Stärken,
• Filterregeln,
• Chart-Formationen,
• gleitende Durchschnittslinien sowie
• Trendlinien und -kanäle.

Die **Random-Walk-Hypothese** geht von einem informationseffizienten Kapitalmarkt aus. Die Kurse einer Aktie schwanken dabei zufällig um deren inneren Wert. Danach kann eine Aktienkursprognose nicht möglich sein und die technische Analyse muss als Astrologie aufgefasst werden. Derzeit fehlt der Random-Walk-Hypothese der Einsatz in der Praxis. Neue Verfahren der Aktienanalyse gehen in Richtung „Neuronale Netze" und „Chaostheorie".

3.3   Sonderformen der Finanzierung

Bestimmte Situationen erfordern oder begünstigen besondere Finanzierungsformen. Von praktischer Bedeutung sind dabei Factoring, Forfaitierung, Leasing,
Subventionen und Asset Backed Securities, die nachfolgend beschrieben werden.

Unter **Factoring** versteht man einen vertraglich festgelegten permanenten Ankauf
von Forderungen aus Lieferungen und Leistungen durch einen Factor. Damit erreicht der Factoringnehmer einen Zufluss von Liquidität, da der Factoringgeber die
angekauften Forderungen in der Regel sofort bezahlt.

Factoring umfasst neben der Finanzierungsfunktion auch Dienstleistungs- und
Delkrederefunktion. Die **Finanzierungsfunktion** besteht aus der Bevorschussung
von angekauften Forderungen aus Lieferungen und Leistungen, die **Dienst-
leistungsfunktion** umfasst die Verwaltung der Forderungen mit Fakturierung,
Debitorenbuchhaltung, Mahnwesen und Inkasso, während die Delkrederefunktion
die Übernahme des Forderungsausfallsrisikos durch den Factoringgeber darstellt.
Wird die Delkrederefunktion nicht durch den Factoringgeber übernommen, spricht
man von unechtem Factoring. Echtes Factoring umfasst alle drei Funktionen. Factoring kann als offenes und stilles Factoring auftreten. Beim offenen Factoring hat
der Kunde des Factoringnehmers Kenntnis darüber, dass seine gegenüber dem
Factoringnehmer bestehende Verbindlichkeit von diesem an den Factoringgeber
verkauft wurde, beim stillen Factoring erfährt er dies nicht.

Dem Factoring ähnlich ist die **Forfaitierung**. Der Forfaiteur kauft einzelne Forderungen eines Exporteurs auf und übernimmt Finanzierungs- und Delkrederefunktion.

Beim **Leasing** werden Investitionsgüter gegen Entgelt auf Zeit überlassen. Damit
entsteht gegenüber dem Barkauf des Investitionsgutes ein Finanzierungseffekt.
Möchte unser Herr Aufschwung einen Firmenwagen anschaffen, so belastet der
Kaufpreis von 30.000 € seine Liquidität sofort, während er bei Leasing des Fahr-
zeuges seine Liquidität über die Laufzeit mit monatlichen Raten belastet. Wir le-
gen die folgenden Annahmen zu Grunde:

a) **Kreditkauf**
   Die Anschaffungskosten betragen 30 000 €, die Nutzungsdauer 10 Jahre, die
   Kreditlaufzeit 5 Jahre. Die Kredittilgung erfolgt in gleichen nachschüssigen Ra-

ten bis zum Ende der Laufzeit, der Zins auf die jeweilige Restschuld beträgt 10 %.

b) Leasing

Die Grundmietzeit beträgt 5 Jahre, die Leasingrate p.a., während dieser beläuft sich die Leasingrate auf 25 % vom Anschaffungspreis. Nach Ablauf der Grundmietzeit beträgt die Leasingrate p.a. 5 % vom Anschaffungspreis. Nach Ablauf der Grundmietzeit ist der Leasingvertrag verlängerbar oder von beiden Parteien jederzeit kündbar.

Es ergibt sich folgender Vergleich (ohne Berücksichtigung steuerlicher Effekte):

Laufzeit	Tilgung	Zins	Kapital-dienst	Leasing-raten	Leasing im Liquiditäts-vergleich	kumuliert
1	6,0	3,0	9,0	7,5	1,5	1,5
2	6,0	2,4	8,4	7,5	0,9	2,4
3	6,0	1,8	7,8	7,5	0,3	2,7
4	6,0	1,2	7,2	7,5	-0,3	2,4
5	6,0	0,6	6,6	7,5	-0,9	1,5
6				1,5	-1,5	0,0
7				1,5	-1,5	-1,5
8				1,5	-1,5	-3,0
9				1,5	-1,5	-4,5
10				1,5	-1,5	-6,0
Summe	30	9	39	45	-6	-

Abbildung 3.14: Liquiditätswirkung bei Kreditkauf und Leasing

Regelmäßig sind die Kosten des Leasings höher als bei einem kreditfinanzierten Kauf, da Verwaltungsaufwand und Gewinne des Leasinggebers anfallen. Neben den positiven Liquiditätseffekten können beim Leasing jedoch auch steuerliche Vorteile entstehen. Man unterscheidet:

- direktes und **indirektes Leasing,**
- echtes (Finance) und **unechtes (Operate) Leasing** sowie
- **Voll- und Teilamortisationsverträge** beim echten (Finance) Leasing.

Beim **direkten Leasing** ist der Hersteller des Leasinggutes auch der Leasinggeber. Direktes Leasing findet zum Beispiel beim „sale-lease-back-Verfahren" statt, bei dem der Leasinggeber Investitionsgüter (oftmals Immobilien) vom späteren Leasingnehmer kauft und sie wieder an diesen vermietet.

Für Theo Aufschwungs Firmenwagen würde direktes Leasing bedeuten, dass der Hersteller des Autos auch als Leasinggeber auftreten würde. Normalerweise wird hier jedoch **indirektes Leasing** durchgeführt. Dabei kauft der Leasinggeber das Investitionsgut vom Hersteller und schließt mit dem Leasingnehmer einen Leasingvertrag ab. Es ergibt sich folgende Konstellation:

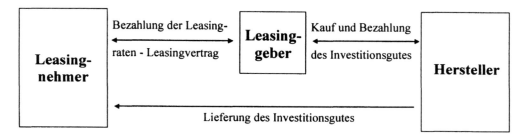

Abbildung 3.15: Indirektes Leasing

Unechte Leasingverträge werden auch **Operate-Leasing-Verträge** genannt. Sie sind unter Einhaltung der Fristen von beiden Vertragsparteien jederzeit kündbar. Sie können daher als normale Mietverträge im Sinne des BGB interpretiert werden. Der Leasinggeber trägt dabei das Risiko, dass das Leasinggut bei Kündigung des Vertrages durch den Leasingnehmer erneut vermietet werden muss, um die Investition zu amortisieren. Bilanziell sind die Leasinggüter beim Leasinggeber zu erfassen.

Echte Leasingverträge (Finance Leasing) laufen über eine fest vereinbarte Grundmietzeit, während jener der Leasingvertrag von beiden Parteien nicht gekündigt werden kann. Das Investitionsrisiko trägt hier der Leasingnehmer. Finance-Leasing-Verträge können in Voll- und Teilamortisationsverträge unterschieden werden. Decken die Leasingraten während der Grundmietzeit die Anschaffungskosten des Investitionsgutes, die Kosten und den Gewinn des Leasinggebers, so spricht man von einem Vollamortisationsvertrag. Ist dies nicht der Fall, handelt es sich um einen Teilamortisationsvertrag, in dem zum Ausgleich der nicht gedeckten Differenz die Verwertung des Leasinggutes vereinbart wird.

Voll- und Teilamortisationsverträge können folgende Bestandteile beinhalten:

Vollamortisationsverträge		Teilamortisationsverträge	
a)	Ohne Option	e)	Mit Andienungsrecht
b)	Mit Mietverlängerungsoption	f)	Mit Aufteilung des Mehrerlöses
c)	Mit Kaufoption	g)	Mit Kündigungsrecht
d)	Mit Mietverlängerungs- und Kauf-option	h)	Mit fixem Restwert und ohne Restwertbeteiligung des Leasingnehmers

Abbildung 3.16: Voll- und Teilamortisationsverträge

Dies bedeutet für die einzelnen Möglichkeiten:

a) Nach der Grundmietzeit erfolgt die Rückgabe des Leasinggutes an den Leasinggeber.

b) Der Leasingnehmer kann, wenn er möchte, das Leasinggut weiter mieten, die Bedingungen dazu wurden vorab festgelegt.

c) Der Leasingnehmer kann, wenn er möchte, das Leasinggut kaufen, der Kaufpreis wurde vorab festgelegt.

d) Der Leasingnehmer kann zwischen b) und c) wählen.

e) Der Leasingnehmer muss das Leasinggut zu einem vorab vereinbarten Kaufpreis erwerben, sofern kein Verlängerungsvertrag zustande kommt.

f) Das Leasinggut wird nach Ablauf der Grundmietzeit verkauft. Wird ein Kaufpreis erzielt, der unter dem kalkulierten Restbuchwert liegt, so muss der Leasingnehmer die Differenz bezahlen (Nachschusspflicht). Wird ein Kaufpreis erzielt, der über dem kalkulierten Restbuchwert liegt, so wird der Mehrerlös zwischen Leasingnehmer und Leasinggeber nach vorab festgelegten Regelungen aufgeteilt.

g) Der Leasingnehmer kann den Leasingvertrag nach Ablauf einer Grundmietzeit kündigen. Er ist zu einer Abschlusszahlung verpflichtet, die bei zunehmender weiterer Mietdauer sinkt.

h) Stellt eine wichtige Form im Kfz-Leasing dar. Nach Ablauf der Grundmietzeit ist das Leasinggut zurück zu geben, vorab wurde eine Laufleistung definiert. Wird diese unter- bzw. überschritten, erfolgt eine Nachzahlung oder Vergütung.

Subventionen stellen Finanzhilfen öffentlicher Haushalte an Unternehmen dar. Diese werden hauptsächlich in Form von Transferzahlungen, geldwerten Leistungen, steuerlichen Vergünstigungen, Abnahmegarantien oder Bürgschaften vorgenommen. Subventionen werden auch als negative indirekte Steuern angesehen. Einen guten Einstieg in die Subventionsmöglichkeiten in Deutschland bietet http://www.bmwi.de, die Website des Bundesministeriums für Wirtschaft und Technologie.

Ein junges Finanzierungsinstrument stellen die so genannten **Asset Backed Securities** dar. Hier werden Vermögensgegenstände (englisch assets) eines Unternehmens mit bilanzbefreiender Wirkung in einen eigens dafür gegründeten Fonds eingebracht. Dies führt zu freigesetztem Kapital in Form des Kaufpreises für die Vermögensgegenstände. Dadurch können Kredite durch direkte Wertpapierplatzierungen substituiert werden.

Die verkauften Vermögensgegenstände können z.B. Konsumentendarlehen, Hypothekendarlehen, Kreditkartenforderungen, Handelsforderungen und Miet- oder Leasingforderungen sein. Vom Fonds werden dann verbriefte Wertpapiere (engl. Securities) an Investoren ausgegeben. Aus den Emissionserlösen können der Kaufpreis sowie Gebühren, Kosten und Gewinn gedeckt werden. Dem aufwendigen Transaktionsprozess stehen eine Verbesserung der Bilanzrelationen sowie erhöhte Liquidität gegenüber.

3.4   Aufgaben zu Kapitel 3

Aufgabe 5: Berechnung Skontovorteil
Herr Aufschwung plant seine Zahlungsbedingungen zu ändern, er möchte seinen Kunden Zahlung rein netto innerhalb von 60 Tagen oder alternativ innerhalb von 20 Tagen unter Gewährung eines 1-prozentigen Skontos einräumen. Berechnen Sie den Jahresprozentsatz der Kapitalkosten nach der Faustformel sowie mittels des genaueren Ansatzes.

Aufgabe 6: Berechnung Darlehensraten
Herr Huber nimmt ein Darlehen in Höhe von 200.000,-- € zu 8% Zins auf. Erstellen Sie die Tilgungspläne für ein **Annuitätendarlehen**, ein **Abzahlungsdarlehen** und ein **Festdarlehen** jeweils bei einer Laufzeit von 5 Jahren.

Annuitätendarlehen:

Jahr	Schuld Beginn	Zins	Tilgung	Annuität	Schuld Ende
1					
2					
3					
4					
5					0,00

Abzahlungsdarlehen:

Jahr	Schuld Beginn	Zins	Tilgung	Annuität	Schuld Ende
1					
2					
3					
4					
5					0,00

Festdarlehen:

Jahr	Schuld Beginn	Zins	Tilgung	Annuität	Schuld Ende
1					
2					
3					
4					
5					0,00

Aufgabe 7: Kapitalerhöhung (mit Agio)
Bei einer AG wird eine Kapitalerhöhung im Verhältnis 6:1 geplant. Das gezeichnete Kapital vor (nach) der Kapitalerhöhung beträgt 1,2 Mio. Euro (1,4 Mio. Euro). Der alte Kurs beläuft sich auf 490 €/Stück. Der Ausgabekurs der jungen Aktien soll 280 € je Stück sein, ihr Nennwert 100€ pro Stück.
a) Welcher Kurs ist nach vollzogener Kapitalerhöhung zu erwarten?
b) Welchen Wert hat das Bezugsrecht?

Aufgabe 8: Kapitalerhöhung (mit Agio)
Auszug aus der Bilanz der Hugentobler AG:

A.	Eigenkapital	
I.	Gezeichnetes Kapital	10.000.000
II.	Kapitalrücklagen	4.000.000
III.	Gewinnrücklagen	
	1. Gesetzliche Rücklage	4.000.000
	2. Andere Gewinnrücklagen	7.000.000

Es ist eine Kapitalerhöhung von 5 Mio. € beschlossen worden. Der erforderliche Betrag soll den umwandlungsfähigen Rücklagen entnommen werden. Der Börsenkurs vor der Kapitalerhöhung beträgt 135 € je Aktie im Nennwert von 50 €.

Nach der Hauptversammlung der Hugentobler AG werden die Aktionäre der Gesellschaft über die Durchführung dieser Kapitalerhöhung durch Ausgabe von Berichtigungsaktien informiert.

a)   Erläutern Sie, um welche Art der Kapitalerhöhung es sich handelt.
b)   Begründen Sie, ob sich diese Kapitalerhöhung zur Finanzierung von Investitionen des Unternehmens eignet.
c)   Wie viele Berichtigungsaktien erhält ein „Altaktionär", der sechs „alte" Aktien besitzt?
d)   Wie wirkt sich die Kapitalerhöhung voraussichtlich auf den Börsenkurs und das Vermögen des Aktionärs aus? Begründen Sie Ihre Antwort.
e)   Geben Sie eine Begründung, warum unter Finanzierungsaspekten eine derartige Kapitalerhöhung durchgeführt werden sollte.

Aufgabe 9: Bilanzkurs, Ertragswertkurs
Von einer AG sind folgende Zahlen bekannt:

Gezeichnetes Kapital	600.000 €
Kapitalrücklage	60.000 €
Gewinnrücklage	200.000 €
Gewinnvortrag	40.000 €
Stille Rücklagen	100.000 €

Berechnen Sie:
a) Den einfachen Bilanzkurs,
b) den korrigierten Bilanzkurs,
c) den Ertragswertkurs.

Bei der Ermittlung des Ertragswertkurses gehen Sie von einem nachhaltig bei unbegrenzter Lebensdauer des Unternehmens erzielbaren Durchschnittsgewinn von 120.000 € und einem Zinssatz von 10% aus.

Aufgabe 10: Leasing

Vergleichen Sie anhand der nachfolgenden Daten Kreditkauf und Leasing hinsichtlich der Liquiditäts- und Kostenbelastung.

Kreditkauf	Leasing
• Anschaffungskosten einer Anlage: 100.000 € • Nutzungsdauer: 10 Jahre • Kreditlaufzeit: 5 Jahre • Kredittilgung: in gleichen Raten bis zum Ende der Laufzeit • Zins auf jeweilige Restschuld: 10%	• Grundmietzeit: 5 Jahre • Leasingrate: 25 % vom Anschaffungspreis p.a. • nach Grundmietzeit: 5 % vom Anschaffungspreis p.a. • nach Ablauf der Grundmietzeit ist der Leasingvertrag verlängerbar, oder von beiden Parteien jederzeit kündbar

4 Innenfinanzierung

Lernziel: Dieses Kapitel behandelt die Finanzierungsinstrumente der Innenfinanzierung. Sie lernen die Finanzierung aus Gewinn-, Abschreibungs- und Rückstellungsgegenwerten sowie aus sonstigen Kapitalfreisetzungen kennen und ihren Einsatz kritisch zu reflektieren.

4.1 Finanzierung aus Gewinngegenwerten (Selbstfinanzierung)

4.1.1 Offene Selbstfinanzierung

Innenfinanzierung beinhaltet alle Maßnahmen, die das verfügbare Kapital des Unternehmens aus dem betrieblichen Umsatzprozess, dem Treasury Management oder aus Desinvestitionen erhöhen. Dabei darf den in der Periode zugeflossenen liquiden Mitteln kein auszahlungswirksamer Aufwand in gleicher Höhe gegenüber stehen.

Innenfinanzierung umfasst:
- **Finanzierung aus Gewinngegenwerten (Selbstfinanzierung),**
- **Finanzierung aus Abschreibungsgegenwerten,**
- **Finanzierung aus Rückstellungsgegenwerten und**
- **Finanzierung aus sonstigen Kapitalfreisetzungen.**

Die Finanzierung aus Gewinngegenwerten (Selbstfinanzierung) kann als Sparen des Unternehmens aufgefasst werden, Gewinne werden einbehalten. Dies kann offen (offene Selbstfinanzierung) oder verdeckt (stille Selbstfinanzierung) erfolgen.

Bei der **offenen Selbstfinanzierung** werden Teile des im Jahresabschluss ausgewiesenen Gewinns nur teilweise oder gar nicht an die Unternehmenseigner ausgeschüttet. Bei Einzelunternehmen und Personengesellschaften erhöht sich dabei das variable Eigenkapitalkonto des Unternehmens. Bei Kapitalgesellschaften werden die einbehaltenen Gewinne auf den entsprechenden Konten der Passivseite gebucht, dies sind:
- Gesetzliche Rücklagen,
- satzungsmäßige Rücklagen und
- andere Gewinnrücklagen.

Für die nachstehende Bilanz der Aufschwung AG hat die Hauptversammlung noch nicht über die Verwendung des Gewinns beschlossen:

Aktiva		Passiva		
Anlagevermögen	**50**	**Eigenkapital**		**30**
Umlaufvermögen	**50**	gezeichnetes Kapital	10	
		Kapitalrücklage	3	
		Gewinnrücklage	12	
		Gewinnvortrag	**2**	
		Jahresüberschuss	**3**	
		Fremdkapital		**70**
Summe	**100**	**Summe**		**100**

Abbildung 4.1: Bilanz vor Gewinnverwendung

Beschließt die Hauptversammlung nun, dass der Gewinn vollständig verwendet wird, wobei 3 Millionen in die Rücklagen eingestellt und 2 Millionen ausgeschüttet werden, ergibt sich das in Abbildung 4.2 dargestellte Bild.

Deutlich zu erkennen ist hier der Mittelabfluss im Umlaufvermögen, da die Ausschüttung an die Eigenkapitalgeber zu bezahlen war. Die Zuführung von 3 Millionen an die Gewinnrücklage führt zu keinem Mittelabfluss, das Kapital steht dem Unternehmen zur Verfügung.

Aktiva		Passiva		
Anlagevermögen	**50**	**Eigenkapital**		**28**
Umlaufvermögen	**48**	gezeichnetes Kapital	10	
		Kapitalrücklage	3	
		Gewinnrücklage	15	
		Fremdkapital		**70**
Summe	**98**	**Summe**		**98**

Abbildung 4.2: Bilanz nach Gewinnverwendung

Neben der oben dargestellten Gewinnthesaurierung kommen bisweilen auch die

Kapitalerhöhung aus Gesellschaftsmitteln oder das „Schütt-aus-hol-zurück-Verfahren" zum Einsatz.

Findet eine **Kapitalerhöhung aus Gesellschaftsmitteln** statt, so erhalten die Anteilseigner statt einer Ausschüttung neue Aktien. Buchungstechnisch geschieht folgendes:

- Der ausschüttungsfähige Gewinn wird einer offenen Rücklage zugeführt.
- Die offene Rücklage wird in Grundkapital umgewandelt.

Damit steigt die Anzahl der Aktien, der Kurs pro Aktie sinkt.

Beim **„Schütt-aus-hol-zurück-Verfahren"** wird der Gewinn ganz oder teilweise ausgeschüttet und die Ausschüttung dann auf dem Wege der Kapitalerhöhung wieder in die Gesellschaft eingebracht.

4.1.2   Stille Selbstfinanzierung

Bei der **stillen Selbstfinanzierung** werden Gewinne nicht ausgewiesen und einbehalten. Dies geschieht durch die Schaffung stiller Reserven. Diese entstehen durch eine Unterbewertung von Vermögen oder eine Überbewertung von Schulden. Niederstwertprinzip für Aktiva und Höchstwertprinzip für Passiva im deutschen HGB führen oftmals zur rechtlich vorgeschriebenen   Schaffung stiller Reserven. Daneben bestehen Aktivierungsverbote, die zu Zwangsreserven führen. Außerdem kann ein Unternehmen durch die Ausnutzung von Bewertungsspielräumen sowie den Verzicht auf Aktivierungswahlrechte oder die Ausübung von Passivierungswahlrechten stille Reserven schaffen.

Beispiele für stille Reserven sind:
- unterlassene Aktivierungen (Entwicklungsaufwendungen),
- unterbewertete Aktiva (Grundstück zu Anschaffungskosten, nicht zu höherem Marktwert),
- überbewertete Passiva (zu hohe Kulanzrückstellung) und
- ausgeübte Passivierungen.

Aus stillen Reserven ergeben sich Vorteile hinsichtlich Liquiditätsgewinn, Steuerstundung und Zinsgewinn.

4.2 Finanzierung aus Abschreibungsgegenwerten

Wenn die am Markt erzielten Preise eines Unternehmens in vollem Umfang als Einzahlungen zufließen und diesen nicht Auszahlungen in gleicher Höhe gegenüberstehen, stellt die Differenz zwischen beiden Liquiditätszufluss dar. Erhält unser Herr Theo Aufschwung für einen Tisch, den er gefertigt hat, 600 €, und es sind ihm dafür 500 € Aufwand entstanden, so spricht er von einem Gewinn von 100 €. Hat der Kunde bar bezahlt und im Aufwand sind 50 € Abschreibungen enthalten, so ist der Kassenbestand nicht um 100 €, sondern um 150 € gestiegen, wie die Darstellungen in den Abbildungen 4.3 und 4.4 zeigen:

Ertrag	600
Lohnaufwand	280
Materialaufwand	100
Sonstiger zahlungswirksamer Aufwand	70
Abschreibungen	50
Gewinn	**100**

Abbildung 4.3: Gewinnermittlung

Ertrag, gleichzeitig Einzahlung	600
Lohnaufwand, gleichzeitig Auszahlung	280
Materialaufwand, gleichzeitig Auszahlung	100
Sonstiger zahlungswirksamer Aufwand	70
Liquiditätsüberschuss	**150**

Abbildung 4.4: Ermittlung des Liquiditätsüberschusses

Geht man davon aus, dass die Abschreibungsgegenwerte lange vor dem Ende der Nutzungsdauer der Anlagen zurückfließen, kommt es zu einem **Kapitalfreisetzungseffekt**. Dieses freigesetzte Kapital kann auch vor Ablauf der Anlagennutzungsdauer reinvestiert werden, es kommt zum **Kapazitätserweiterungseffekt**, der auch unter den Bezeichnungen **Marx-Engels-** oder **Lohmann-Ruchti-Effekt** bekannt ist.

Nehmen wir an, Theo Aufschwung hätte für 100.000 € 10 Maschinen angeschafft, die er linear über 5 Jahre abschreibt. Die verdienten Abschreibungsgegenwerte investiert er wieder in Maschinen zu je 10.000 €, wie in Abbildung 4.5 skizziert.

Der Bestand an Maschinen pendelt sich bei 16 Stück ein, die Kapazität hat durch bloße Reinvestition der Abschreibungsgegenwerte um 60% zugenommen.

Jahr	Stück			Euro		
	Anfangs-bestand	Zu-gänge	Ab-gänge	Abschreibun-gen	Differenz Abschreibungen - Reinvestition	Liquiditäts-rest
1	10	2		20000		
2	12	2		24000	4000	4000
3	14	3		28000	8000	2000
4	17	3		34000	4000	6000
5	20	4	10	40000		6000
6	14	3	2	28000		4000
7	15	3	2	30000		4000
8	16	3	3	32000		6000
9	16	3	3	32000		8000
10	16	4	4	32000		0
11	16	3	3	32000		2000
12	16	3	3	32000		4000
13	16	3	3	32000		6000
14	16	3	3	32000		8000
15	16	4	4	32000		2000

Abbildung 4.5: Kapazitätserweiterungseffekt

Die mögliche Kapazitätserweiterung kann bei gegebener Nutzungsdauer n mit dem Kapazitätsmultiplikator (KEF) ermittelt werden:

$$KEF = \frac{2}{1 + \dfrac{1}{n}}$$

Der Kapazitätsfaktor kann maximal 2 betragen, die Kapazität kann sich bei unendlicher Nutzungsdauer höchstens verdoppeln.

4.3 Finanzierung aus Rückstellungsgegenwerten

Rückstellungen stellen Verbindlichkeiten dar, über deren Eintritt und/oder Höhe am Bilanzstichtag noch keine Sicherheit besteht. Sie werden vorsorglich gebildet, um einen zutreffenden Vermögens- und Erfolgsausweis zu gewährleisten. In § 249 HGB ist die Bildung von Rückstellungen handelsrechtlich geregelt.

Durch die Bildung von Rückstellungen fließt dem Unternehmen keine zusätzliche Liquidität von außen zu. Wie bei den Abschreibungen entstehen Finanzierungsmöglichkeiten dann, wenn die Rückstellungsgegenwerte einbezahlt wurden. Damit stehen dem Unternehmen für die Zeit zwischen Bildung und Auflösung der Rückstellung liquide Mittel zur Verfügung. Als permanente Finanzierungsquelle kann der „Bodensatz" an Rückstellungen angesehen werden, der dauerhaft passiviert bleibt. Der Finanzierungseffekt ist bei langfristigen Rückstellungen wie z. B. Pensionsrückstellungen naturgemäß länger als bei kurzfristigen wie Instandhaltungsrückstellungen.

Sagt unser Herr Aufschwung z. B. seinem 28-jährigen Gesellen eine Pension zu, so kann er die Zuführung zur Pensionsrückstellung bis zum Renteneintritt des Gesellen als Finanzierungsinstrument nutzen.

4.4 Finanzierung aus sonstigen Kapitalfreisetzungen

Soll kein zusätzliches Kapital aufgenommen werden oder stehen keine Kapitalgeber zur Verfügung, kann ggf. eine Finanzierung aus sonstigen Kapitalfreisetzungen helfen.

Dabei werden Vermögensgegenstände veräußert und/oder Rationalisierungsmaßnahmen ergriffen. Beides hat zur Folge, dass bisher gebundenes Kapital für andere Zwecke frei wird oder der Leistungserstellungsprozess mit geringeren laufenden Auszahlungen betrieben werden kann.

Im Regelfall werden nicht betriebsnotwendige Vermögensgegenstände veräußert. Im Rahmen des sale-lease-back-Verfahrens werden jedoch betriebsnotwendige Vermögensteile freigesetzt, um Liquidität zu generieren.

Als Beispiele für Finanzierung aus sonstigen Kapitalfreisetzungen können angeführt werden:

- Verkauf von im Anlagevermögen enthaltenen Mietswohnungen,
- Abbau von Beständen an Forderungen aus Lieferungen und Leistungen durch Verkürzung der Zahlungsziele,
- Abbau von Beständen an Forderungen aus Lieferungen und Leistungen durch Verbesserung des Mahnwesens,
- Abbau von Vorratsvermögen durch Einführung einer just-in-time-Produktion,
- Verkauf der Fabrikhallen und anschließendes Leasing derselben (sale and lease back),
- Outsourcing der Kantine, damit entfällt die Bevorschussung von Produktionsfaktoren,
- Verkauf der firmeneigenen Lastkraftwagen, Einsatz einer Spedition.

4.5   Aufgaben zu Kapitel 4

Aufgabe 11: Kapazitätserweiterungseffekt
Die Hämmerli AG plant die kontinuierliche Erweiterung des Fuhrparks mit Mitteln, die aus verdienten Abschreibungen finanziert werden sollen. Die Finanzierung der Erstausstattung erfolgt aus eigenen Mitteln. Alle zu beschaffenden Fahrzeuge entsprechen in der technischen Ausstattung den vorhandenen Fahrzeugen.

- Anfangsbestand: 10 Fahrzeuge
- Anschaffungskosten je Fahrzeug: 240.000 €
- Nutzungsdauer: 3 Jahre
- Abschreibung erfolgt linear (volle €).

Kalkulatorische und bilanzielle Abschreibungen sind gleich. Abschreibungen und Abschreibungsrückflüsse sind periodengleich wirksam. Aus Vereinfachungsgründen bleiben Preissteigerungen unberücksichtigt. Die Investitionen und Desinvestitionen erfolgen jeweils zu Beginn des Folgejahres.

Entwickeln Sie den Fahrzeugbestand am Jahresende mengen- und wertmäßig (volle €) für fünf Jahre einschließlich Entwicklung der flüssigen Mittel. Die Liquidationserlöse (Abschreibungsrückflüsse) sollen in den Folgejahren zu Erweiterungsinvestitionen verwendet werden. Nicht verwendete flüssige Mittel (Reste) sind in den Folgejahren mit heranzuziehen. Verwenden Sie für die Lösung folgendes Schema: Jahr / Anzahl LKW / Investition 1. Jahr € / Investition 2. Jahr € / Investition 3. Jahr € / Investition 4. Jahr € / Investition 5. Jahr € / Entwicklung flüssige Mittel.

Aufgabe 12: Gewinnverwendung
Die Hager AG stellt elektronische Bauteile her. Für das Jahr 2008 wird von der Hauptversammlung folgender Gewinnverwendungsvorschlag angenommen:
Vom Jahresüberschuss sollen 9 Mio. € in die Gewinnrücklagen eingestellt werden, als Dividende sollen 25 % und zusätzlich 1,50 € Bonus je Aktie im Nennwert von 50 € ausgeschüttet werden.

a) Ermitteln Sie aus der vorliegenden Bilanz der Hager AG unter Berücksichtigung der Gewinnverwendung
   • die Höhe der Beteiligungsfinanzierung und
   • die Höhe der offenen Selbstfinanzierung.
b) Erläutern Sie, was man unter einer stillen Selbstfinanzierung versteht und erklären Sie an drei Positionen der obigen Bilanz, warum dort üblicherweise stille Reserven vermutet werden können.
c) Im Geschäftsjahr 2008 wurde auf das gesamte eingesetzte Kapital eine Rentabilität von 7,5 % p. a. erzielt. Mit dieser Rendite kann auch im Geschäftsjahr 2009 mindestens gerechnet werden. Für 2009 geplante Erweiterungsinvestitionen im Volumen von 50 Mio € sollen entweder durch eine genehmigte Kapitalerhöhung oder durch Aufnahme von langfristigem Fremdkapital (Zinssatz 6,5 % p. a.) finanziert werden. Für welche Finanzierung sollte sich die Hager AG unter Rentabilitätsgesichtspunkten entscheiden? Begründen Sie Ihre Entscheidung.

Kurzfassung der Bilanz zum 31.12.2008 in T€

Aktiva		**Passiva**	
Sachanlagen	615.000	Gezeichnetes Kapital	110.000
Finanzanlagen	45.500	Kapitalrücklage	55.000
Vorräte	33.500	Gewinnrücklagen	39.930
Forderungen	28.000	Jahresüberschuss	40.000
Sonstige Vermögens-		Rückstellungen	245.000
gegenstände	40.000	Verbindlichkeiten gegenüber	
Liquide Mittel	35.000	Kreditinstituten	210.000
Aktive Rechnungsabgrenzung	830	Verbindlichkeiten aus Lie-	
		ferungen und Leistungen	45.800
		Sonstige Verbindlichkeiten	52.100
	797.830		**797.830**

5   Derivative Finanzinstrumente

Lernziel: In diesem Kapitel lernen Sie Arten und Anwendungsmöglichkeiten derivativer Finanzinstrumente kennen.

5.1   Grundlagen

Derivative Finanzinstrumente sind von originären (ursprünglichen) Finanzinstrumenten abgeleitet. Sie wurden zur Risikoabsicherung (Hedging) einer oder mehrerer Risikokategorien entwickelt, dienen heute aber auch der Spekulation oder Arbitragegeschäften. Wesentliche Risikokategorien, die mit derivativen Instrumenten abgesichert werden können, sind:

- Rohwarenrisiko,
- Zinsänderungsrisiko,
- Fremdwährungsrisiko und
- Aktienkursrisiko.

Das zentrale Merkmal derivativer Instrumente ist die Abhängigkeit von einem anderen zugrunde liegenden Produkt (Basiswert oder auch Underlying genannt).

Das KWG definiert in § 1 (11) Satz 4 Nr. 1 bis Nr. 5 Derivate „... als Festgeschäfte oder Optionsgeschäfte ausgestaltete Termingeschäfte, deren Preis unmittelbar oder mittelbar abhängt von

1. dem Börsen- oder Marktpreis von Wertpapieren,
2. dem Börsen- oder Marktpreis von Geldmarktinstrumenten,
3. dem Kurs von Devisen oder Rechnungseinheiten,
4. Zinssätzen oder anderen Erträgen oder
5. dem Börsen- oder Marktpreis von Waren oder Edelmetallen.“

Derivative Instrumente sind **Termingeschäfte**, d.h. der Zeitpunkt des Vertragsabschlusses und der Zeitpunkt der Erfüllung unterscheiden sich. Unser Herr Aufschwung könnte z. B. Risikoabsicherung für einen Verkauf von Stühlen auf Ziel in die USA betreiben. Sein Kunde fordert die Rechnungsstellung in US$ und erhält ein Zahlungsziel von 6 Monaten. Da der Kurs des US$ schwankt, bedeutet dies für Herrn Aufschwung ein Währungsänderungsrisiko. Dieses kann er auf verschiedene

Arten mittels derivativen Instrumenten absichern. Eine Möglichkeit ist, eine Verkaufsoption (Long Put) auf den US$ in 6 Monaten zu erwerben, die er ggf. ausüben könnte. Damit entstehen Herrn Aufschwung Kosten für die Option, das Währungsrisiko wird jedoch ausgeschaltet, da der Kurs des US$ in 6 Monaten nunmehr vertraglich fixiert ist.

Zusammenfassend lassen sich die folgenden Merkmale zur Kennzeichnung von Derivaten festhalten:

* Ihre Wertentwicklung ist abhängig von anderen Finanzprodukten,
* es handelt sich um Termingeschäfte und
* Basiswerte können konkrete oder auch abstrakte Finanzprodukte sein.

Wesentliche Einteilungskriterien für derivative Instrumente sind der Basiswert (Underlying), die Erfüllungspflicht und die Handelsform.

Die **Basiswerte** sind Handelsobjekte, die den Termingeschäften zugrunde liegen, wie Finanzmarktobjekte (z.B. Devisen, Aktien, Anleihen), abstrakte Finanzprodukte (z.B. Indizes, fiktive Anleihen, andere Derivate) oder aber auch Güter (z.B. Agrarprodukte, Rohstoffe). Bei Fälligkeit des Termingeschäfts können nicht alle Basiswerte effektiv angedient werden (z.B. Indizes oder Zinssätze). In diesen Fällen erfolgt ein Barausgleich (Cash Settlement) zwischen den Kontrahenten.

Nach dem Grad der **Erfüllungspflicht** wird zwischen unbedingten und bedingten Termingeschäften sowie Mischformen unterschieden. Bei einem unbedingten Termingeschäft sind Käufer und Verkäufer zur Erfüllung verpflichtet. Der Verkäufer hat bei Fälligkeit den Basiswert zu liefern und der Käufer den vereinbarten Preis zu zahlen. Bei einem bedingten Termingeschäft hingegen besitzt der Käufer ein Wahlrecht (Option), die Erfüllung zu verlangen oder das Termingeschäft verfallen zu lassen. Der Verkäufer ist an die Entscheidung des Käufers gebunden und erhält hierfür eine Prämie (Stillhalter- oder Optionsprämie). Bedingte Termingeschäfte werden daher auch als Optionsgeschäfte bezeichnet. Mischformen sind z. B. so genannte Swaptions. Wenn in einem rechtlich selbständigen Vertrag derivative Instrumente mit Instrumenten, die keine Termingeschäfte sind, kombiniert werden, so spricht man von strukturierten Produkten. Eine Einteilung der derivativen Finanzinstrumente nach dem Grad der Erfüllungspflicht zeigt die Abbildung 5.1.

Bedingte Termingeschäfte	Unbedingte Termingeschäfte
- Optionen - Caps - Floors - Collars	- Forwards - Futures - Swaps

Mischformen
- Swaptions - Strukturierte Produkte

Abbildung 5.1: Derivative Finanzinstrumente

Hinsichtlich der **Handelsform** können Derivate sowohl an Terminbörsen als auch außerbörslich abgeschlossen werden. Für außerbörsliche Abschlüsse ist auch die Bezeichnung „over the counter" (OTC) geläufig. Die Abbildung 5.2 stellt die elementaren Unterschiede zwischen börsen- und OTC-gehandelten Derivaten dar.

	Börsentermingeschäfte	OTC-Termingeschäfte
Vorteile	• unkomplizierter Vertrags-abschluss • geringes Erfüllungsrisiko • hohe Fungibilität • Clearingstelle prüft Bonität der Vertragspartner	• individuell gestaltbar
Nachteile	• nicht individualisiert, sondern standardisiert	• aufwändiger Vertragsabschluss • eingeschränkte Fungibilität • erhöhtes Erfüllungsrisiko • Bonitätsprüfung erforderlich

Abbildung 5.2: Börsentermingeschäfte und OTC-Termingeschäfte

Aus dem Zusammenschluss der Deutschen Terminbörse DTB und der schweizerischen SOFFEX entstand die Terminbörse EUREX, an der Futures auf Aktienindizes, Geldmarktprodukte und Kapitalmarktprodukte gehandelt werden. In Hannover wird an der Warenterminbörse WTB mit Futures auf Agrarprodukte und Rohstoffe Handel betrieben.

5.2 Bedingte Termingeschäfte

Bedingte Termingeschäfte können, müssen jedoch nicht zur Ausführung kommen. Es handelt sich um Optionsrechte, die der Käufer einer Option ausüben kann. Eine Option ist eine Vereinbarung zwischen zwei Vertragspartnern, wonach der Verkäufer der Option dem Käufer das Recht gewährt, an einem zukünftigen Zeitpunkt oder während eines zukünftigen Zeitraums ein bestimmtes Instrument zu einem vorab bestimmten Preis zu kaufen (Call-Option) oder zu verkaufen (Put-Option). Der Käufer kann sein Kauf- oder Verkaufsrecht ausüben, kann es aber auch verfallen lassen. Optionen sind einseitig verpflichtende Verträge. Für die Gewährung der Option erhält der Verkäufer (Stillhalter) vom Käufer eine Optionsprämie. Nach Ablauf der Optionsfrist verfällt das Recht des Käufers, die Option wird wertlos. Optionen werden an Terminbörsen und außerbörslich (OTC) gehandelt. Marktteilnehmer können sowohl die Positionen des Käufers als auch des Verkäufers einnehmen. Dies führt zu den folgenden vier Grundpositionen:

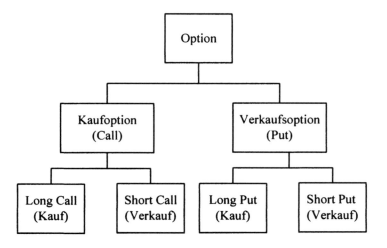

Abbildung 5.3: Calls und Puts

- **Kauf einer Kaufoption („Long Call")**
  Der Käufer erwartet einen steigenden Preis bzw. Kurs im Basiswert.
- **Verkauf einer Kaufoption („Short Call")**
  Der Verkäufer erwartet einen stabilen oder sinkenden Preis bzw. Kurs im Basiswert.
- **Kauf einer Verkaufsoption („Long Put")**
  Der Käufer erwartet einen sinkenden Preis bzw. Kurs im Basiswert.
- **Verkauf einer Verkaufsoption („Short Put")**
  Der Verkäufer erwartet einen stagnierenden oder steigenden Preis bzw. Kurs im Basiswert.

Der Wert einer Option setzt sich aus dem inneren Wert und dem Zeitwert zusammen. Der innere Wert ist die Differenz zwischen dem Basispreis (Strike) und dem aktuellen Preis des Underlying. Der innere Wert einer Option kann höchstens auf Null sinken, die Option wird dann wertlos. Der Zeitwert ist die Differenz zwischen der Optionsprämie (Wert der Option) und dem inneren Wert. Die Optionsprämie wird in der Praxis mit Hilfe von Modellen berechnet, die auf dem Black- & Scholes-Modell, dem Cox-Rubinstein-Modell oder der Put-Call-Parität basieren.

Zur Verdeutlichung dient folgendes Beispiel:

Nehmen wir an, ein Anleger erwirbt eine Aktie zu einem Kurs von 100 €.

Zehn Tage später notiert die Aktie bei 110 €. Die Rendite, die der Anleger somit mit diesem Aktieninvestment erzielt, liegt bei 10 %.

Nehmen wir an, es existiert ein Kaufoptionsschein auf die Aktie mit einer Restlaufzeit von 10 Tagen. Der Optionsschein hat einen Basispreis von 90 €. Das bedeutet, dass der Anleger das Recht hat, innerhalb der kommenden 10 Tage die zugrunde liegende Aktie für 90 € zu erwerben. Da die Aktie selbst bei 100 € notiert, wird der Kaufoptionsschein nicht weniger als 10 € kosten.

Der Grund dafür ist, dass das Recht, eine Aktie, die bei 100 € notiert, für 90 € kaufen zu können, mindestens 10 € wert sein muss.

Angenommen, die Aktie steigt auf 110 €. Da der Optionsscheinanleger das Recht hat, die Aktie zu einem Preis von 90 € zu erwerben, wird der Optionsschein einen Wert von ca. 20 € haben. Der Gewinn beträgt 100%. Hätte man in die Aktie selbst investiert, betrüge der Gewinn nur 10%.

Caps, Floors und Collars stellen Zinsoptionen dar. Mit **Caps** möchte man sich gegen über die vereinbarte Zinsgrenze hinaus gehende Zinssteigerungen absichern, es wird eine Zinsobergrenze vereinbart. Bei Überschreiten dieser Grenze bezahlt der Verkäufer des Cap dem Käufer den Differenzbetrag. Möchte man sich gegen sinkende Zinsen absichern, setzt man **Floors** ein. Der Verkäufer eines Floors bezahlt dem Käufer den Differenzbetrag bei Unterschreiten der Zinsgrenze. **Collars** sind eine Kombination von Cap und Floor. Der Käufer eines Cap verkauft gleichzeitig einen Floor und senkt damit seine Kosten für eine Zinssicherung. Sinkt der Zinssatz unter die festgelegte Bandbreite, muss er Ausgleichszahlungen leisten, steigt er über die Bandbreite, erhält er solche.

5.3 Unbedingte Termingeschäfte

Forwards, Futures und Swaps sind unbedingte Termingeschäfte. Unbedingte Termingeschäfte verpflichten den Verkäufer, eine bestimmte Menge des Basiswertes (Underlying) zum Fälligkeitszeitpunkt zum festgelegten Preis zu liefern. Sie verpflichten den Käufer das Underlying abzunehmen und den vereinbarten Preis am Fälligkeitszeitpunkt zu bezahlen.

Forwards und Futures sind Kauf- und Verkaufsgeschäfte, Swaps stellen Tauschgeschäfte dar.

Forwards werden over the counter und nicht an Börsen gehandelt. Dabei entstehen die in Abbildung 5.2 genannten Vor- und Nachteile. Forwards werden vor allem für Währungen (Devisentermingeschäfte) und Zinsen (Forward Rate Agreements) geschlossen.

Zur Absicherung des Zinsänderungsrisikos wird zwischen einem Käufer, der sich gegen steigende Zinsen absichern möchte, und einem Verkäufer, der sich gegen fallende Zinsen absichern möchte, ein forward rate agreement abgeschlossen. Dabei wird ein Festzinssatz für eine bestimmte Periode auf Basis eines Nominalbetrages und eines Referenzzinssatzes festgelegt.

Futures werden zur Vermeidung der in Abbildung 5.2 dargestellten Nachteile der Forwards an der Börse abgewickelt, sie treten als Commodity Futures (Rohstoffe und Agrarprodukte) und Financial Futures (Devisen, Währungen, Indizes) auf. Sie beinhalten Fälligkeitstermine, Mengen und Qualitäten des Underlying, Handels- und Abwicklungsbedingungen sowie die Zwischenschaltung einer Clearingstelle. Vereinfacht ausgedrückt handelt es sich bei Futures um standardisierte Forwards.

Der Käufer eines Forwards/Futures („Long-Position") rechnet mit steigenden Preisen, wohingegen der Verkäufer („Short-Position") mit sinkenden Preisen im Underlying rechnet. Für beide Vertragspartner ist das Gewinn- und Verlustpotential aus diesen Geschäften unbegrenzt, da Forwards und Futures ein symmetrisches Risikoprofil aufweisen. Futures haben aufgrund der Standardisierung den großen Vorteil, dass sie sich schnell und unkompliziert durch ein entsprechendes Gegengeschäft wieder schließen lassen („Glattstellung"). Dies kann erforderlich sein, wenn die eingenommene Position in die Verlustzone läuft oder ein Absicherungsbedarf nicht mehr besteht.

Der faire Preis bzw. Wert eines Forwards/Futures ergibt sich aus dem Kassapreis des Underlying zuzüglich der sog. Cost of Carry. Hierbei handelt es sich um die Differenz zwischen den Finanzierungsaufwendungen und -erträgen, die aus dem Halten des Underlying bis zur Fälligkeit des Forwards/Futures entstehen.

Swaps stellen Tauschgeschäfte dar. Zu den wichtigsten Swaparten zählen der Zinsswap und der Währungsswap. Swaps werden individuell zwischen den Kontrahenten abgeschlossen (OTC).

Ein Zinsswap beschreibt die vertragliche Vereinbarung über den Austausch von Zinszahlungsströmen in der gleichen Währung, wobei die Zahlungsströme auf einen bestimmten Kapitalbetrag bezogen werden. Der Kapitalbetrag wird dabei aber nicht getauscht. Die am häufigsten verwendete Form des Zinsswap tauscht feste gegen variable Zinszahlungen. Die variable Zinszahlung ist an einen Referenzzins (z.B. den Euribor) gekoppelt. Neben diesen so genannten Kuponswaps existieren auch so genannte Basisswaps, bei denen zwei variable Zinszahlungen mit unterschiedlichen Referenzzinssätzen getauscht werden. Darüber hinaus treten auch noch Swaps mit dem Austausch von fixen Zinszahlungen am Markt auf.

Falls sich die Zinserwartung der Vertragspartner ändert, kann der Zinsswap durch einen Barwertausgleich (Close Out), den Verkauf des Swap oder den Abschluss eines Gegenswaps aufgelöst werden. Durch den Einsatz von Zinsswaps können bestehende oder geplante Positionen gegen Zinsänderungen abgesichert werden bzw. Chancen eröffnet werden. Aufgrund der Laufzeiten bis über zehn Jahre und der periodischen Zinszahlungen eignen sich Zinsswaps zur mittel- und langfristigen Absicherung von Zinsänderungsrisiken.

Bei einem Währungsswap werden auf unterschiedliche Währungen lautende Kapitalbeträge und i.d.R. die dazugehörenden Zinszahlungen getauscht. Neben der

Ausnutzung komparativer Kostenvorteile, bieten Währungsswaps auch die Möglichkeit der Absicherung eines Devisenkursrisikos.

5.4 Mischformen

Zu den Mischformen derivativer Finanzinstrumente zählen **Swaptions** und **strukturierte Produkte**.

Swaptions kombinieren Swap und Option. Der Käufer einer Swaption kann, muss aber nicht, in einen vorher festgelegten Swap eintreten.

Strukturierte Produkte kombinieren in der Regel klassische Finanzinstrumente mit derivativen Instrumenten. Sie existieren auf der Kredit- wie Anlageseite. Beispiele dafür sind zinsbesicherte Darlehen oder Partizipations- oder Aktienanleihen. Möchte Herr Aufschwung beispielsweise einen bei seiner Hausbank aufgenommnen Kredit mit variablen Zinsen hinsichtlich steigender Zinsen absichern (hedgen), so könnte er zum klassischen Finanzinstrument „Kredit" das Derivat „Cap" mit identischen Parametern erwerben. Das strukturierte Produkt „zinsbesichertes Darlehen" kombiniert beide Instrumente und ist für Herrn Aufschwung komfortabler zu handhaben. Auf der Anlageseite werden heute oft Produkte entwickelt und angeboten, die sich bei sinkenden Aktienkursen wie festverzinsliche Wertpapiere verhalten, bei steigenden Kursen jedoch am Anstieg der Kurse partizipieren.

5.5 Aufgabe zu Kapitel 5

Aufgabe 13: CAP
Ein Kunde zahlt für einen Kredit über 1 Mio. € für 5 Jahre den 3 Monats-Euribor + 1% Marge und schließt einen Cap mit einem Strike von 5% ab.

Angenommen, der Euribor steigt auf 5,5%, wie viel bezahlt der Kunde?

6 Verfahren der Investitionsrechnung

Lernziel: In diesem Kapitel lernen Sie die statischen und dynamischen Verfahren der Investitionsrechnung kennen und anwenden.

6.1 Grundlagen und Überblick

Grundlage jeder Investitionsentscheidung sollte eine Investitionsrechnung sein. Darunter versteht man alle Verfahren zur Beurteilung von Investitionsvorhaben hinsichtlich quantifizierbarer Unternehmensziele.

Investitionsrechnungen sollen die Wirtschaftlichkeit von Investitionen vor, während und nach ihrer Nutzungsdauer beurteilen. Die Investitionsrechnung stellt dabei ein Hilfsmittel der Investitionsplanung und -kontrolle dar.

Unter Investition kann generell jede Erhöhung des Aktivbestandes der Bilanz verstanden werden, im engeren Sinne versteht man darunter jedoch Erhöhungen des Anlagevermögens.

Nach der Art der erworbenen bzw. zu erwerbenden Investitionsobjekte lassen sich die in Abbildung 6.1 dargestellten Investitionsarten unterscheiden.

Eine weitere Differenzierung der Sachinvestitionen erfolgt in Abbildung 6.2.

Mit Ersatzinvestitionen werden Investitionen bezeichnet, die bereits vorhandene Investitionsgüter ersetzen.

Neben dem identischen Ersatz finden dabei häufig Rationalisierungsinvestitionen statt, die in der Regel eine Senkung der Stückkosten bedingen.

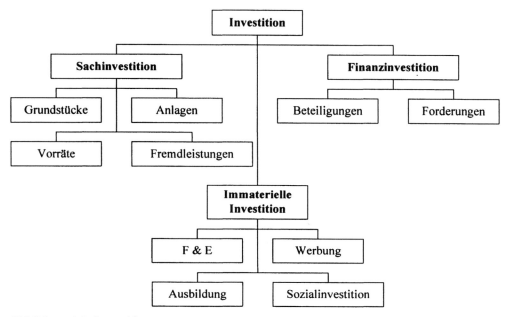

Abbildung 6.1: Investitionsarten

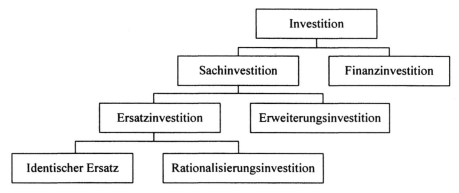

Abbildung 6.2: Sachinvestitionen

Für die Beurteilung von Investitionen wurde in Theorie und Praxis eine Fülle von Rechenverfahren entwickelt. Eine mögliche Systematisierung der Investitions-rechenverfahren zeigt die nachfolgende Abbildung.

Abbildung 6.3: Systematisierungsansätze für Investitionsrechenverfahren

Die **statischen Verfahren** sind dadurch gekennzeichnet, dass sie den unterschiedlichen zeitlichen Anfall von Zahlungen nicht oder nur unvollkommen berücksichtigen. Sie beziehen sich auf eine Periode, dabei werden Durchschnittsgrößen verwendet. Rechnerisch verwenden sie vorwiegend Daten aus der Kosten- und Leistungsrechnung. Zu den statischen Verfahren zählen:

- Kostenvergleichsverfahren,
- Gewinnvergleichsverfahren,
- Rentabilitätsvergleich und
- Amortisationsrechnung.

Die dynamischen Verfahren betrachten die gesamte Lebensdauer des Investitionsobjektes bis hin zur Desinvestition. Es werden die gesamten Einzahlungs- und Auszahlungsströme bis zum Ende der wirtschaftlichen Nutzungsdauer eines Investitionsobjektes verarbeitet. Zu den dynamischen Verfahren zählen Verfahren, die Ein- und Auszahlungsströme von Einzelinvestitionen auf den Beginn des Planungszeitraumes diskontieren:

- Kapitalwertmethode,
- Annuitätenmethode,
- Methode des internen Zinsfußes und
- Dynamische Amortisationsrechnung.

Daneben werden Verfahren eingesetzt, die eine Aufzinsung auf das Ende des Planungshorizontes vornehmen:

- Vermögensendwertmethode und
- Sollzinssatzmethode.

6.2 Statische Verfahren

Die statischen Verfahren der Investitionsrechnung, auch als „Hilfs- und Annäherungsverfahren" bezeichnet, sind wegen ihrer unkomplizierten und mit geringen Kosten durchführbaren Methoden in der Praxis weit verbreitet.

Zu diesen Verfahren zählen:
*   Kostenvergleichsrechnung,
*   Gewinnvergleichsrechnung,
*   Rentabilitätsrechnung und
*   Amortisationsrechnung.

Sie werden als statisch bezeichnet, weil sie zeitliche Unterschiede im Auftreten von Einzahlungen und Auszahlungen einer Investition nicht oder nur unvollkommen berücksichtigen (Durchschnittsbetrachtung).

6.2.1 Kostenvergleichsrechnung

Die Kostenvergleichsrechnung ermittelt durch einen Vergleich der Kosten von zwei oder mehreren Alternativinvestitionen mit identischen Leistungsmerkmalen diejenige Investition, die die geringeren Kosten verursacht.

In den Vergleich sind grundsätzlich alle durch das geplante Projekt verursachten Kosten einzubeziehen, wobei die Erlöse unberücksichtigt bleiben.

Wesentlich sind im Allgemeinen folgende Kostenarten:
*   Kalkulatorische Abschreibungen
*   Kalkulatorische Zinsen (notwendige Verzinsung des eingesetzten Eigen- und Fremdkapitals vor Steuern!)
*   Löhne und Gehälter sowie Lohnnebenkosten (soziale Leistungen)
*   Materialkosten
*   Energiekosten
*   Werkzeugkosten
*   Raumkosten
*   Instandhaltungs- und Reparaturkosten

Ein Beispiel verdeutlicht das Verfahren: Herr Aufschwung denkt über die Anschaffung eines neuen PKW nach. Es befinden sich zwei Fahrzeuge in der engeren Wahl. Diese weisen folgende Daten auf:

	PKW A	PKW B
Anschaffungskosten	20.000 €	22.000 €
Nutzungsdauer	10 Jahre	10 Jahre
Zinssatz	10%	10%
Fahrleistung pro Jahr	20.000 km	20.000 km
Motorisierung	Benzin	Diesel
Verbrauch in Liter/100km	8	6
Kosten je Liter Treibstoff	1,25	1,10
Wartung pro Jahr	800 €	1.000 €
Versicherung pro Jahr	500 €	500 €
Steuern pro Jahr	200 €	400 €

Es ergibt sich folgende Berechnung:

	PKW A	PKW B
Abschreibungen	2.000 €	2.200 €
Zinsen	1.000 €	1.100 €
Treibstoffkosten	2.000 €	1.320 €
Wartungskosten	800 €	1.000 €
Versicherungskosten	500 €	500 €
Steuern	200 €	400 €
Gesamtkosten pro Jahr	**6.500 €**	**6.520 €**

Fahrzeug A verursacht damit bei einer Leistung von 20.000 km pro Jahr die niedrigeren Gesamtkosten.

Es sei angemerkt, dass die kalkulatorischen Abschreibungen bei Annahme eines Restbuchwertes sich linear aus der Division der Differenz von Anschaffungskosten und Restbuchwert durch die Nutzungsdauer ergeben, wohingegen die kalkulatorischen Zinsen aus dem Zinssatz multipliziert mit der Summe aus Anschaffungskosten und Restbuchwert ermittelt werden.

Die Kostenvergleichsrechnung weist folgende Mängel auf:
- Unterschiedlich lange Nutzungsperioden werden nicht explizit berücksichtigt, ebenso wenig künftige Veränderungen der Kapazität und Qualitätsunterschiede der Anlagen.

- Das Verfahren beinhaltet keine Analyse der Rentabilität des eingesetzten Kapitals.
- Die angesetzten Durchschnittswerte, meist die Größen des ersten Jahres, werden als repräsentativ für die folgenden Perioden betrachtet, obwohl dies in der Realität nur sehr selten der Fall sein wird.
- Keine Berücksichtigung des zeitlichen Anfalls der Zahlungen.
- Verrechnung durchschnittlicher Kosten.
- Erlösseite wird nicht berücksichtigt.
- Keine Beurteilung von Einzelinvestitionen oder Finanzinvestitionen möglich.
- Die kostengünstigste Alternative ist nicht zwangsläufig gewinnbringend, bzw. gewinnmaximal.

6.2.2 Gewinnvergleichsrechnung

Bei zahlreichen Investitionsvorhaben ist ein Kostenvergleich nicht aussagefähig, da sich auch die Ertragsseite verändert. Die Gewinnvergleichsrechnung stellt eine Erweiterung des Kostenvergleichs dar.

Aus dem Vergleich von verschiedenen Investitionsalternativen geht jetzt diejenige als vorteilhafteste hervor, die den im Durchschnitt höchsten Jahresgewinn erwirtschaftet. In der Regel wird der Gewinn der Periode (t_1), also des ersten Jahres, geschätzt und als „Durchschnittsgewinn" für die folgenden Perioden in die Rechnung eingesetzt.

Herr Aufschwung überlegt, ob er 30.000 € in eine Photovoltaik-Anlage oder in ein festverzinsliches Wertpapier investieren soll. Folgende Daten sind gegeben:
a) Festverzinsliches Wertpapier: Anlagebetrag 30.000 €, Zinssatz 4% pro Jahr, Rückzahlung des Anlagebetrages am Ende der Laufzeit von 20 Jahren
b) Photovoltaikanlage:

Anschaffungskosten	30.000 €
Nutzungsdauer	20 Jahre
Wartungskosten pro Jahr	200 €
Versicherungskosten pro Jahr	100 €
Einspeisevergütung pro Jahr	3.800 €

Mit dem festverzinslichen Wertpapier würde Herr Aufschwung 1.200 € Gewinn pro Jahr erwirtschaften.

Für die Photovoltaikanlage ergibt sich folgende Berechnung:

Abschreibungen pro Jahr	1.500 €
Wartungskosten pro Jahr	200 €
Versicherungskosten pro Jahr	100 €
Einspeisevergütung pro Jahr	3.800 €
Gewinn pro Jahr	2.000 €

Die Photovoltaikanlage erwirtschaftet damit den höheren Gewinn (vor Zinsen) und ist zu präferieren.

Die Gewinnvergleichsrechnung ist eine kurzfristige, statische Rechnung, die neben Kosten auch Erlöse berücksichtigt. Problematisch ist auch hier die hinreichend genaue und sichere Bestimmung der relevanten Erfolgsgrößen. Da die Gewinnvergleichsrechnung auf der Kostenvergleichsrechnung aufbaut, gelten die dort genannten Kritikpunkte analog.

6.2.3   Rentabilitätsvergleichsrechnung (ROI)

Eine Erweiterung der Gewinn- und Kostenvergleichsrechnung stellt die Rentabilitätsrechnung dar. Rentabilitätsrechnungen dienen der Beurteilung von Rationalisierungs-, Erneuerungs- und Erweiterungsinvestitionen. Die statische Rentabilitätsrechnung setzt den Jahresgewinn (vor Zinsen!) einer Investition zum Kapitaleinsatz in Verhältnis. Bei Rationalisierungsinvestitionen entspricht die Kostenersparnis (vor Zinsen) dem Gewinnzuwachs (vor Zinsen) des gesamten Unternehmens.

Die (Perioden-) Rentabilität ergibt sich damit als:

$$\text{Rentabilität} = \frac{\text{Periodenerfolg vor Zinsen (Kostenersparnis vor Zinsen)}}{\text{durchschnittlich gebundenes Kapital}} \times 100$$

Sie zeigt die Verzinsung des eingesetzten Kapitals in der Abrechnungsperiode. Vorteilhaft ist die Alternative, die die größte Rentabilität aufweist.

Zur Berechnung der Rentabilität ist zunächst eine Kosten- oder Gewinnvergleichs-rechnung zu erstellen.

Für das Photovoltaik-Beispiel aus Kapitel 6.2.2 ergibt sich folgende Berechnung:

Gewinn (vor Zinsen) pro Jahr: 2.000 €
Durchschnittlicher Kapitaleinsatz: 15.000 €

Rentabilität: 13,33 %

Auch der Rentabilitätsvergleichsrechnung liegt eine kurzfristige, statische Betrachtungsweise zugrunde. Ein zeitlicher Unterschied im Anfall der Gewinne wird nicht berücksichtigt. Im Übrigen können, da es sich bei diesen Verfahren um eine Erweiterung bzw. Kombination von Kosten- und Gewinnvergleich handelt, auch die Kritikpunkte für diese beiden Verfahren angeführt werden. Die Rentabilitäts-rechnung liefert Aussagen zur Verzinsung des eingesetzten Kapitals.

6.2.4   Amortisationsrechnung (Pay-off Period)

Die Amortisationsrechnung (Kapitalrückfluss-, Pay-off, Pay-back-Methode) baut – wie die Rentabilitätsrechnung – auf dem Kosten- oder Gewinnvergleich auf. Sie ermittelt den Zeitraum, in dem das investierte Kapital über die Erlöse wieder in die Unternehmung zurückfließt; geht man von gleich bleibenden Kosten und Erlösen aus, ergibt sich die

$$\text{Amortisationsdauer(Pay} - \text{off} - \text{period)} = \frac{\text{Kapitaleinsatz}}{\text{jährliche Wiedergewinnung}}$$

Kapitaleinsatz ist dabei die Anschaffungsauszahlung, jährliche Wiedergewinnung ist der Cash Flow aus der Investition.

Die Ermittlung der Amortisationsdauer dient in erster Linie der Beurteilung des Risikos, des Kapitalverlustes und den Liquiditätsauswirkungen einer Investition.

Bei der **Durchschnittsrechnung** wird der Kapitaleinsatz durch die durchschnittlichen Rückflüsse dividiert. Die Amortisationszeit (AZ) wird wie folgt ermittelt:

$$AZ = \frac{\text{Kapitaleinsatz}}{\varnothing \text{ Rückfluss}}$$

Für die Beurteilung einer Erweiterungsinvestition setzt sich der Rückfluss aus dem jährlich zusätzlichen Gewinn und den Abschreibungsbeträgen für die neue Anlage zusammen.

$$AZ = \frac{\text{Kapitaleinsatz}}{\text{zusätzlicher Gewinn + Abschreibungen für Erweiterungsinvestition}}$$

Für eine Rationalisierungsinvestition gilt dann dementsprechend:

$$AZ = \frac{\text{Kapitaleinsatz}}{\text{Kostenersparnis + Abschreibungen für Ersatzanlage}}$$

Bei der Amortisationsrechnung als **Totalrechnung** werden die effektiven jährlichen Rückflüsse so lange aufaddiert, bis sie die Höhe des Kapitaleinsatzes erreicht haben. Wegen ihrer kumulativen Betrachtung wird diese Vorgehensweise auch als Kumulationsrechnung bezeichnet. Als Rückflüsse sind die dem Projekt unmittelbar zurechenbaren Einzahlungsüberschüsse anzusetzen. In der Praxis werden diese Einzahlungsüberschüsse durch die Größe Gewinn G_t plus Abschreibungen A_t (= vereinfachter Cash Flow) angenähert.

$$I_\varnothing = \sum_{t=1}^{m} (G_t + A_t)$$

Gewinn- und Abschreibungsgegenwerte erbringen die Amortisation.

Hierbei wird unterstellt, dass Gewinn- und Abschreibungsgegenwerte tatsächlich in liquider Form, d.h. in Form von Einzahlungen, zufließen. Total- und Kumulationsrechnung gehen davon aus, dass alle Einnahmen, soweit sie nicht für laufende Ausgaben dieser Investition gebunden sind, für die Rückzahlung des ursprünglich eingesetzten Kapitals verwendet werden. Überschüsse entstehen erst dann, wenn das eingesetzte Kapital voll zurückgezahlt ist.

Für das Photovoltaikbeispiel aus 6.2.2 ergibt sich:

Gewinn vor Zinsen:	2.000 €
Zinskosten p.a. (4%):	600 €
Gewinn nach Zinsen:	1.400 €
Abschreibungen:	1.500 €
Rückfluss:	2.900 €
Kapitaleinsatz:	30.000 €
Amortisationsdauer:	10,34 Jahre

Die Amortisationsdauer wird mit der voraussichtlichen Nutzungsdauer verglichen. Je kleiner der Quotient aus Amortisationsdauer und Nutzungsdauer ist, desto besser ist die Investition.

6.2.5   Aussagefähigkeit der statischen Investitionsrechenverfahren

Der schwerwiegende Nachteil der statischen Investitionsrechnung ist die **kurzfristige Betrachtungsweise**. Häufig wird nur das erste Jahr nach der Anschaffung des Investitionsgegenstandes analysiert, da dieser Zeitraum relativ gut zu überblicken ist. Eine solche „statische" Betrachtungsweise ist bedenklich, da doch die Beschaffungsperiode für Roh-, Hilfs- und Betriebsstoffe ebenso wie die Löhne und Gehälter usw. **im Zeitablauf Schwankungen unterliegen.** Zusammenfassend kann folgende Kritik an den statischen Verfahren ausgeübt werden:
- Kurzfristige Betrachtungsweise,
- Schwankungen der Geldströme werden nicht berücksichtigt,
- dem „Geldwertverlust" wird keine Rechnung getragen und
- keine Berücksichtigung der Ungewissheit der zukünftigen Daten und Größen.

Generell empfiehlt es sich, neben den zeitraumbezogenen Betrachtungen auch mengenbasierte Berechnungen anzustellen, da Investitionen häufig eine Erhöhung der Fixkosten (Kapitalkosten!) bedingen, die variablen Kosten jedoch sinken. Damit verschiebt sich der Break-Even-Punkt, eine höhere Menge muss auf Dauer erreicht werden.

6.3   Dynamische Verfahren

6.3.1   Finanzmathematische Grundlagen dynamischer Verfahren

Das Bestreben der Investitionstheorie geht dahin, möglichst viele Mängel der statischen Verfahren abzubauen. Die dynamischen Verfahren bringen eine Verbesserung dieses Zieles in zweierlei Hinsicht:

1. Die Durchschnittsbetrachtung, welche den statischen Verfahren zugrunde liegt, wird zugunsten einer exakten Erfassung der Ein- und Auszahlungen während der gesamten Nutzungsdauer aufgegeben.
2. Der unterschiedliche zeitliche Anfall während dieser Nutzungsdauer wird durch Abzinsung (Diskontierung) auf einen gemeinsamen Bezugszeitpunkt explizit einbezogen.

Die statischen Verfahren haben den Nachteil, dass der Zeitfaktor nicht oder nur ungenügend berücksichtigt wird. Dynamische Verfahren wollen die Vorteilhaftigkeit von Investitionen über die gesamte Lebensdauer untersuchen. Sie berücksichtigen somit die Zahlungsströme während der gesamten voraussichtlichen Nutzungsdauer. Die Abbildung 6.3 zeigt die wesentlichen Unterschiede zwischen statischen und dynamischen Verfahren.

Unterscheidungs-kriterien	Methoden	
	dynamische	**statische**
Rechnungselement	Ein- und Auszahlungen	Kosten und Leistungen, Aufwand und Ertrag
Zeitbezug	Zeitpräferenz wird durch Auf- oder Abzinsung berücksichtigt	Keine oder nur unvollkommene Berücksichtigung der Zeitpräferenz
Schätzung der Rechnungselemente	Einzelschätzung	Durchschnittsbildung oder Basisjahr
Mathematische Basis	Finanzmathematik	Keine

Abbildung 6.3: Unterscheidungskriterien zwischen statischen und dynamischen Verfahren

Nehmen wir an, es stehe jemand vor folgender Frage:
1. Heute 100.000 € zu erhalten oder
2. in einem Jahr darüber zu verfügen?

Die Antwort ist eindeutig: Der Wert des Geldes, über den man heute verfügen kann, ist größer als der Wert des Geldes, den man in Zukunft erhalten wird.

Bei der **Aufzinsung** wird errechnet, wie viel ein im Zeitpunkt t_0 eingesetzter Betrag nach einer Anzahl von Jahren, in deren Verlauf Zins und Zinseszins angefallen, wert ist. Hierzu lässt sich der **Aufzinsungsfaktor** verwenden:

$$(1+i)^n$$

i: Zinssatz p.a.
n: Anzahl Jahre

Bei der **Abzinsung** wird errechnet, welcher Betrag im Zeitpunkt t_0 eingesetzt werden muss, um einen Betrag K im Zeitpunkt n zu besitzen. Der Betrag wird mit dem **Abzinsungsfaktor** abgezinst.

$$\frac{1}{(1+i)^n}$$

Mit Hilfe des Abzinsungsfaktors wird auch die Frage beantwortet, wie ein nach n Perioden anfallender Betrag im Entscheidungspunkt t_0 bewertet werden soll. Die oben dargestellten Faktoren basieren auf so genannter nachschüssiger Zahlung, das heißt, es wird angenommen, dass die Zahlungen am Ende der jeweiligen Perioden anfallen. Im Gegensatz dazu fallen die Zahlungen bei vorschüssiger Zahlung zu Beginn der Perioden an.

Die nachfolgende Tabelle zeigt den Gegenwartswert eines Euro nach Ablauf von n Jahren bei einem Zinssatz von 10 %.

Rückfluss einer Geldeinheit	Gegenwartswert
in 1 Jahr	0,91 €
in 3 Jahren	0,75 €
in 5 Jahren	0,62 €

Der Gegenwartswert eines Euro, den man in vier Jahren erhalten wird, beträgt abhängig vom Zinssatz:

Bei einem Zinssatz von	Gegenwartswert
4 %	0,85 €
6 %	0,79 €
26 %	0,40 €

Fällt eine begrenzte Reihe von Rückflüssen (Einzahlungen / Auszahlungen) am Ende mehrerer Jahre in gleicher Höhe an, so können die Zahlungsströme mit dem **Barwertfaktor (Rentenbarwertfaktor)** abgezinst werden:

$$\frac{(1+i)^n - 1}{(1+i)^n \times i}$$

Die Verteilung eines heute zur Verfügung stehenden Betrages zu gleichen Teilen über eine Anzahl von Jahren unter Berücksichtigung von Zinseszinsen wird durch Multiplikation mit dem Annuitäten- oder **Wiedergewinnungsfaktor** (Kehrwert des Rentenbarwertfaktors) ermöglicht.

$$\frac{(1+i)^n \times i}{(1+i)^n - 1}$$

Den Barwert für einen über 4 Jahre gleich bleibenden Zahlungsstrom (1.000 € p.a.) bei 10% Zins kann man mittels Rentenbarwertfaktor berechnen. Zur Kontrolle soll der Barwert mittels Abzinsungsfaktoren berechnet werden.

Der Rentenbarwertfaktor ergibt sich als

$$\frac{1{,}1^4 - 1}{1{,}1^4 \times 0{,}1} = 3{,}16986545$$

Der Barwert des Zahlungsstroms beträgt damit 3.169,99 €.

Die Investitionssumme für ein Projekt beträgt 1.000 €. Während der nächsten 4 Jahre entstehen daraus Einzahlungen von 150 € p.a. Nach 4 Jahren wird die Investitionssumme zurückbezahlt. Lohnt sich die Investition bei einer Mindestrendite von 14 %?

Der Barwert der gleichbleibenden Rückflüsse beträgt 475,48 €, jener der Rückzahlung der Anschaffungsausgabe 683,01 €. Die Summe der beiden Barwerte ist größer als die Anschaffungsauszahlung, die Investition lohnt sich.

Liegt eine gleich bleibende Zahlungsreihe für eine unendliche Dauer vor, so spricht man von einer ewigen Rente. Nach der Regel von **L'Hôspital** lässt sich dann der gegen ∞ strebende

Term $\dfrac{(1+i)^n - 1}{(1+i)^n \times i}$ auf $\dfrac{1}{i}$ reduzieren.

Zu den dynamischen Verfahren der Investitionsrechnung zählen:

- Kapitalwertmethode.
- Interne Zinsfußmethode.
- Annuitätenmethode.
- Dynamische Amortisationsrechnung.

6.3.2   Kapitalwertmethode

Die Kapitalwertmethode ermittelt den Barwert (Kapitalwert) einer bevorstehenden Investition durch Diskontierung aller aus der Investition resultierenden Zahlungen auf den Investitionszeitpunkt.

Der Kapitalwert einer Investition ergibt sich als Differenz zwischen der Summe der Barwerte aller Einzahlungen und der Summe der Barwerte aller Auszahlungen der Investition während ihrer gesamten Nutzungsdauer.

Abschreibungen stellen keine Auszahlungen dar! Die Auszahlungen sind vor Zinsen anzusetzen, da die Verzinsung über die Diskontierung berücksichtigt wird!

Die Abzinsung erfolgt mit dem Zinssatz, der die gewünschte Mindestverzinsung darstellt.

Ist der Kapitalwert einer Investition gleich Null, so wird die gewünschte Mindestverzinsung erreicht.

Die Mindestverzinsung wird heute gerne mit dem in Kapitel 7 dargestellten Modell der WACC (Weighted Average Cost of Capital) meist vor Steuern festgelegt.

Ist der Kapitalwert negativ, so bezeichnet er den Teil der Anschaffungszahlungen, die aus den Einzahlungsüberschüssen weder getilgt noch verzinst werden können.

Eine Investition ist demnach dann vorteilhaft, wenn der Kapitalwert Null oder positiv ist, die gewünschte Verzinsung des Kapitals ist damit rechnerisch gegeben.

Der Kapitalwert einer Investition wird wie folgt berechnet:

$$C_0 = \sum_{t=0}^{n} (E_t - A_t) \times \frac{1}{(1+i)^t}$$

C_0 Kapitalwert
E_t Einzahlungen der Periode t (z.B.: jährliche Einzahlungen)
A_t Auszahlungen der Periode t
i Kalkulationszinssatz
t einzelne Perioden von 0 bis n

Zur Illustration dient das folgende Beispiel:

Nutzungs-jahre	Einzahlun-gen	Auszah-lungen	Netto-Rückflüsse	Abzinsungs-faktor bei 10 %	Gegenwarts-wert
1	355.000	260.000	95.000	0,909	86.355
2	370.000	250.000	120.000	0,826	99.120
3	335.000	240.000	95.000	0,751	71.345
4	310.000	230.000	80.000	0,683	54.640
5	300.000	230.000	70.000	0,621	43.470
6	310.000	230.000	80.000	0,565	45.200
Summe					400.130
t_0 Anschaffungsausgabe					- 400.000
Kapitalwert					130

Der Kapitalwert lässt sich zweifach deuten:
- Die effektive Verzinsung der Investition ist höher als der Kalkulations-Zinsfuß von 10 %.
- Der Kapitalwert zeigt analog der Gewinnvergleichsrechnung den Überschuss einer Investition auf, wobei es sich im Gegensatz zur Gewinnver-

gleichsrechnung um den Barwert der Überschüsse handelt.

6.3.3   Interne Zinsfußmethode

Durch die interne Zinsfußmethode wird, ähnlich der Rentabilitätsrechnung, die Verzinsung des jeweils gebundenen Kapitals ermittelt. Für die Berechnung der Verzinsung wird der Kapitalwert gleich 0 gesetzt und die Gleichung nach dem internen Zinssatz i aufgelöst.

$$0 = \sum_{t=0}^{n} (E_t - A_t) \times \frac{1}{(1+i)^t}$$

Die Auflösung der Gleichung bereitet Schwierigkeiten, da eine Gleichung n-ten Grades vorliegt. Die Lösung kann durch Diskontierung mit zwei Versuchszinssätzen und anschließender linearer Interpolation ermittelt werden, deren Genauigkeit im Allgemeinen ausreicht, obwohl es sich bei der Funktion der Kapitalwerte um eine nicht lineare Funktion, sondern um ein Polynom n-ten Grades handelt.

Die angewendeten Versuchszinssätze müssen dabei einen positiven und einen negativen Kapitalwert ergeben und in einem möglichst engen Intervall liegen, um größere Fehler zu vermeiden. Nach dem zweiten Strahlensatz lässt sich die Lösungsformel wie folgt darstellen:

$$i = i_1 - C_{01} \frac{i_2 - i_1}{C_{02} - C_{01}}$$

Eine Investition von 240.000 verursacht folgende Rückflüsse. Es soll der interne Zinsfuß der Investition bestimmt werden. Zunächst werden die beiden benötigten Kapitalwerte berechnet:

Jahr	Rückflüsse	Versuch mit 24 %		Versuch mit 26 %	
		Faktoren	Barwerte	Faktoren	Barwerte
1	200.000	0,806	161.200	0,794	158.000
2	90.000	0,650	58.500	0,630	56.700
3	30.000	0,524	15.720	0,500	15.000
4	20.000	0,423	8.460	0,397	7.940
Summe Barwerte			243.880		238.440
Überschuss/Defizit			3.880		-1.560

Der interne Zinssatz ergibt sich dann wie folgt:

$i_1 = 24\,\%$
$i_2 = 26\,\%$
$C_1 = 3.880$
$C_2 = -1.560$

$$i = 24 - 3.880\,\frac{26 - 24}{-1560 - 3.880} = 24 + 1,4 = 25,4\%$$

Die resultierende interne Verzinsung stellt die „Effektivverzinsung" einer Investition dar, im Regelfall ist sie höher als die zugrunde gelegte Mindestverzinsung („hurdle rate").

6.3.4   Annuitätenmethode

Die Annuitätenmethode stellt eine Umformung der Kapitalwertmethode dar. Die durchschnittlichen jährlichen Auszahlungen werden mit den durchschnittlichen jährlichen Einzahlungen verglichen. Die Annuität ist der gleich bleibende Betrag, der neben Tilgung und Verzinsung in jeder Periode zur Verfügung steht.

Man erhält die **Annuität** einer Investition, indem man ihren Kapitalwert mit dem Wiedergewinnungsfaktor multipliziert.

$$\text{Annuität}\quad \sum_{t=0}^{n}\frac{(E_t - A_t)}{(1+i)^n} \times \frac{(1+i)^n \times i}{(1+i)^n - 1}$$

Der Wiedergewinnungsfaktor stellt dabei den Kehrwert des Diskontierungssummenfaktors dar. Große Verwendung findet der Annuitätenfaktor bei der Berechnung von Darlehensannuitäten.

Die Berechnung der Annuität aus dem Einführungsbeispiel zur Kapitalwertmethode ergibt sich wie folgt:

Kapitalwert: 130 €
Zinssatz: 10 %
Barwertfaktor bei 6 Jahren und 10%: 4,355
Wiedergewinnungsfaktor (Kehrwert): 0,2296

Die Annuität beträgt damit 130 € x 0,2296, also 29,85 €.

Dem Investor stehen demnach zusätzlich zur gewünschten Verzinsung jedes Jahr durchschnittlich 29,85 € zur Verfügung, die er entnehmen kann.

6.3.5 Dynamische Amortisationsrechnung

Die bei den statischen Verfahren vorgestellte Amortisationsrechnung kann auch dynamisch durchgeführt werden. Dabei werden die Barwerte der jährlichen Überschüsse (vor Zinsen!) der Perioden solange kumuliert, bis sie die Höhe der Anschaffungsauszahlung erreichen. Zu diesem Zeitpunkt ist somit die Investition amortisiert.

Anhand der nachfolgenden Angaben sollen statische und dynamische Amortisationszeit der Investition berechnet werden.

Anschaffungsausgabe: 120.000 €
Lebensdauer: 10 Jahre
Kalkulationszinssatz: 10 %
Jährliche Rückflüsse (Cash Flow nach Zinsen): 14.000 €
Jährliche Rückflüsse (Cash Flow vor Zinsen): 20.000 €

Daraus kann die folgende Lösung errechnet werden:

Periode	Netto-Rückfluss	Abzinsungs-faktor	Barwert des Netto-Rück-flusses	Kumulierte Bar-werte der Netto-Rückflüsse
1	20.000	0,909	18.180	18.180
2	20.000	0,826	16.520	34.700
3	20.000	0,751	15.020	49.720
4	20.000	0,683	13.660	63.380
5	20.000	0,621	12.420	75.800
6	20.000	0,564	11.280	87.080
7	20.000	0,513	10.260	97.340
8	20.000	0,467	9.340	106.680
9	20.000	0,424	8.480	115.160
10	20.000	0,386	7.720	122.880

Die statische Amortisationsdauer ergibt sich nach 8,6 Jahren, wohingegen die dynamische erst im 10. Jahr erreicht wird. Verglichen wird sie mit der geplanten Nutzungsdauer.

6.3.6   Kritik

An den dynamischen Verfahren ist zu kritisieren:
* Es wird ein vollkommener Kapitalmarkt unterstellt.
* Die interne Zinsfußmethode kann zu mehreren Lösungen führen, sie ist nicht immer eindeutig.
* Die interne Zinsfußmethode kann zu keiner gültigen Lösung führen.
* Es erfolgt eine isolierte Betrachtung von Einzelinvestitionen, Investitions- und Finanzierungsprogramm werden nicht ganzheitlich betrachtet.
* Unsicherheit wird nicht bzw. nur unvollkommen berücksichtigt.

Ein vollkommener Kapitalmarkt weist folgende Merkmale auf:
* Das Kapital ist hinsichtlich Eigen- und Fremdkapital und unterschiedlicher Bonität der Kunden nicht differenziert. Es steht in einer einzigen gleich bleibenden Qualität zur Verfügung (Homogenität).
* Jeder Kapitalanbieter und Nachfrager hat Zugang zum Kapitalmarkt in unbeschränkter Höhe (free entry).
* Durch die vollständige Markttransparenz existiert ein einheitlicher sich nicht verändernder Zinssatz, der Marktzins, der als Kostenfaktor die „Beschränkung" dieses vollkommenen Kapitalmarkts darstellt.
* Daraus ergibt sich, dass Geld immer in jeder Höhe zur Verfügung steht und keine Liquiditätsprobleme auftreten.

Ein vollkommener Kapitalmarkt ist in der Realität nicht gegeben. Aus Gründen der Vergleichbarkeit der einzelnen Investitionen kann man mit den dargestellten Restriktionen in der Praxis jedoch gut entscheiden.

6.4 Aufgaben zu Kapitel 6

Aufgabe 14: Kostenvergleich

Die Baufix GmbH muss eine Ersatzmaschine beschaffen. Folgende Alternativen stehen zur Wahl:

	Maschine A	Maschine B
Anschaffungskosten	700.000 €	630.000 €
Nutzungsdauer in Jahren	8	8
Restwert am Ende der Nutzungsdauer	40.000 €	30.000 €
Produktionskapazität (Stück/Jahr)	3.000	2.800
Sonstige fixe Kosten p.a.	7.900 €	8.600 €
Fertigungsmaterial p.a.	79.500 €	79.240 €
Fertigungslöhne p.a.	69.900 €	95.760 €
Sonstige variable Kosten p.a.	66.600 €	40.600 €
Erlöse pro Stück	140,00 €	140,00 €

Die Kosten verlaufen linear und basieren auf einer Auslastung der Produktionskapazität. Die Auftragslage des Unternehmens verspricht einen jährlichen Absatz von 2.400 Stück. Das Unternehmen arbeitet mit einem Kalkulationszinssatz von 8%.

a) Welche der beiden Maschinen schneidet im Kostenvergleich besser ab?
b) Bei welcher Menge führen beide Maschinen zu gleich hohen Kosten?
c) Wo liegt die mengenmäßige Gewinnschwelle bei beiden Maschinen?

Aufgabe 15: Statische Verfahren der Investitionsrechnung

Die Panhölzl AG prüft, ob die Herstellung eines neu entwickelten Artikels aufgenommen werden soll. Folgende Planungsdaten für die Anschaffung einer Produktionsanlage liegen vor:

Anschaffungskosten (€)	2.400.0000
Restwert nach Ablauf der Nutzungsdauer (€)	0
Nutzungsdauer (Jahre)	5
Fixe Kosten pro Jahr ohne Kapitaldienst (€)	500.000
Variable Kosten pro Stück	1,60
Erlös pro Stück (€)	3,10
Kalkulatorischer Zinssatz (%) p.a.	10

Die Marketingabteilung prognostiziert für den Artikel während der Nutzungsdauer der Anlage folgende Absatzzahlen:

1. und 2. Jahr jeweils 900.000 Stück
3. bis 5. Jahr jeweils 800.000 Stück

- Berechnen und begründen Sie, ob sich die Anschaffung der Produktionsanlage lohnt, wenn Sie für die Dauer der Nutzung einen Durchschnittsgewinn pro Jahr aus dieser Investition von 100.000 € erwarten. Führen Sie den Gewinnvergleich mit der durchschnittlichen jährlichen Absatzmenge durch.
- Berechnen Sie die Rentabilität des durchschnittlichen Kapitaleinsatzes dieser Investition.
- Berechnen Sie entsprechend die Amortisationszeit dieser Investition.

Aufgabe 16: Kapitalwertmethode

Für eine Investition liegen folgende Daten vor:

Jahr	Einzahlungen	Auszahlungen	Nettorück-flüsse	Abzin-sungsfaktor	Barwert
t_0		400.000 €			
t_1	200.000 €	120.000 €			
t_2	210.000 €	125.000 €			
t_3	220.000 €	130.000 €			
t_4	230.000 €	135.000 €			
t_5	210.000 €	120.000 €			
t_6	200.000 €	115.000 €			

Lohnt sich die Investition bei einem Zinssatz von 9%?

Aufgabe 17: Annuitätenmethode

Zur besseren Wärmedämmung seiner Fertigungshalle kann Max Maier 100.000 € investieren. Die Halle kann noch 6 Jahre genutzt werden. Wie hoch muss die jährliche Ersparnis an Heizausgaben mindestens sein, damit die Anschaffungsausgaben bei i=12% in 6 Jahren wieder gewonnen werden können? Wie hoch ist der durchschnittliche jährliche Überschuss (Annuität) bei tatsächlichen Minderausgaben von 26.323 € p.a.?

Aufgabe 18: Interne Zinsfußmethode

Gegeben sind folgende Daten für ein Hypothekendarlehen:

Nominalbetrag	50.000 €
Auszahlungskurs	92%
Nominalzinssatz	6%
Laufzeit	10 Jahre

Die Tilgung des Darlehens erfolgt in einer Summe am Ende der Laufzeit. Berechnen Sie den internen Zinssatz dieser Finanzierungsmaßnahme.

Aufgabe 19: Dynamische Amortisationsrechnung

Ein Investitionsobjekt verursacht eine Anschaffungsauszahlung von 140.000 €, es kann 7 Jahre genutzt werden. Das Unternehmen rechnet mit einem Kalkulationszinsfuß von 10%. Die jährlichen Nettorückflüsse betragen im ersten Jahr 20.000 € nach Zinsen, sie steigen in der Folgezeit jährlich um 2.000 €. Berechnen Sie die statische Amortisationszeit (durchschnittlich und kumulativ). Berechnen Sie die dynamische Amortisationszeit.

7   Finanzcontrolling

Lernziel: In diesem Kapitel lernen Sie Aufgaben und wesentliche Elemente des Finanzcontrolling kennen. Schwerpunkte dabei sind die Kapitalflussrechnung sowie Kennzahlen.

7.1   Aufgaben

Im Rahmen der Unternehmensplanung werden finanzwirtschaftliche Zielsetzungen gefasst, die strategisch und operativ umgesetzt werden sollen. Wesentliche Zieldimensionen dabei sind **Liquidität, Rentabilität, Sicherheit, Unabhängigkeit** und **Shareholder Value**. Diese gilt es in geeigneter Form zu planen, im Ist zu ermitteln, Abweichungen zu analysieren und Maßnahmen einzuleiten. Instrumente dafür bieten die strategische und operative Finanzplanung sowie die Finanzanalyse. Die Bedeutung von Finanzplanung und Finanzanalyse wird zukünftig auf Grund der Basel II- und Rating-Entwicklung zunehmen. Das Bindeglied zwischen strategischer und operativer Planung dürfte hierbei die in den Abbildungen 7.1 und 7.2 skizzierte **Balanced Scorecard** spielen.

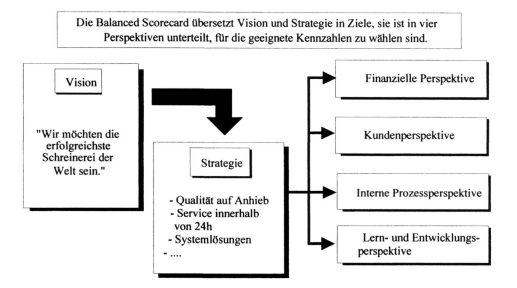

Abbildung 7.1: Balanced Scorecard – Grundaufbau I

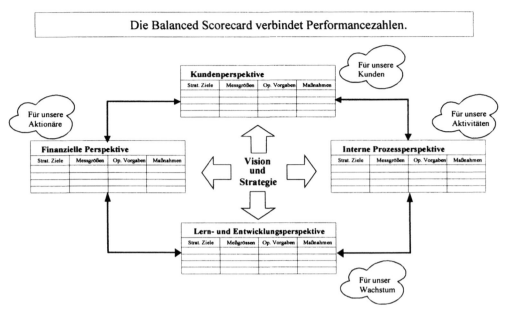

Abbildung 7.2: Balanced Scorecard – Grundaufbau II

Die **Balanced Scorecard** stellt ein Instrument dar, das die Operationalisierung der Unternehmensstrategie verbessert. Ausgehend von der Strategie des Unternehmens werden in den 4 Perspektiven strategische Ziele mit Messgrößen und operativen Vorgaben für diese verknüpft. Damit kann die Erreichung strategischer Ziele besser einem Controlling unterworfen werden. Darüber hinaus kann die Balanced Scorecard die Basis für Leistungsentlohnung sein, sowie zur Ableitung von Handlungsfeldern und Zielsetzungen für Reorganisationsprojekte und von Bereichs- und Mitarbeiterzielen dienen. Sie stellt ein vielseitig einsetzbares Kommunikationsinstrument auch innerhalb des Finanzmanagements dar.

Für die Rentabilität von Bedeutung sind der **Leverage-Effekt** und der **optimale Verschuldungsgrad**.

Beim **Leverage-Effekt** geht es um eine möglichst renditeoptimale Finanzierung. Es gilt der Grundsatz, dass solange die Gesamtkapitalrentabilität höher ist als der Zinssatz für die Fremdfinanzierung, die Eigenkapitalrentabilität durch Substitution von Eigen- durch Fremdkapital gesteigert werden kann. Dabei bleibt jedoch das Leverage-Risiko außer Acht, das eintritt, wenn der Zinssatz für Fremdkapital das

Niveau der Gesamtkapitalrentabilität überschreitet und den Leverage-Effekt umkehrt. Ebenfalls unberücksichtigt bleibt, dass ein zunehmender Verschuldungsgrad (Anteil des Fremdkapitals am Gesamtkapital) Sicherheits- und Unabhängigkeitsziele tangiert. Den rechnerischen Zusammenhang des Leverage-Effekts zeigt die Abbildung 7.3. Dabei wird von einer Gesamtkapitalrentabilität von 10% und einem Zinssatz von 5% für das Fremdkapital ausgegangen.

Eigenkapital	20.000 €	10.000 €	5.000 €	1.000 €
Fremdkapital	0 €	10.000 €	15.000 €	19.000 €
Gesamtkapital	20.000 €	20.000 €	20.000 €	20.000 €
Fremdkapitalzinsen	0 €	500 €	750 €	950 €
Gewinn vor Zinsen	2.000 €	2.000 €	2.000 €	2.000 €
Reingewinn	2.000 €	1.500 €	1.250 €	1.050 €
Eigenkapitalrentabilität	10,00%	15,00%	25,00%	105,00%

Abbildung 7.3: Leverage-Effekt

Wie aus der Tabelle gut ersichtlich, steigt die Eigenkapitalrentabilität kontinuierlich mit der Abnahme des Eigenkapitals an. Die Leverage-Chance wird allerdings zum Leverage-Risiko, sobald die Gesamtkapitalrentabilität unter den Zinssatz für das Fremdkapital fällt.

Die wohl bekannteste Theorie zum optimalen Verschuldungsgrad stellt das **Modigliani-Miller-Theorem** dar, dessen praktische Bedeutung jedoch nicht sehr groß ist. Daher wird hier auf die in Abbildung 7.4 aufgeführten vertikalen und horizontalen Finanzierungsregeln als Maßstab für einen gesunden Verschuldungsgrad abgestellt.

Aspekte der Finanzplanung wurden bereits in Kapitel 2 skizziert. Weitere wichtige Instrumente des Finanzcontrollings stellen Kapitalflussrechnungen sowie Kennzahlen dar, die im Folgenden beschrieben und erläutert werden.

Vertikale Finanzie-rungsregeln	1:1-Regel	$\dfrac{\text{Fremdkapital}}{\text{Eigenkapital}} \leq 1$
	2:1-Regel	$\dfrac{\text{Fremdkapital}}{\text{Eigenkapital}} \leq 2$
Horizontale Finanzie-rungsregeln	Goldene Bilanz-regeln	$\dfrac{\text{Langfristiges Kapital}}{\text{Langfristiges Vermögen}} \geq 1$ Langfristiges Vermögen = Anlagevermögen Langfristiges Kapital = Eigenkapital (+ langfristiges Fremdkapital)
	Goldene Finan-zierungsregeln	$\dfrac{\text{Kurzfristiges Kapital}}{\text{Kurzfristiges Vermögen}} \leq 1$ $\dfrac{\text{Langfristiges Vermögen}}{\text{Langfristiges Kapital}} \leq 1$

Abbildung 7.4: Finanzierungsregeln

7.2 Kapitalflussrechnungen

7.2.1 Zielsetzung und Inhalt

Kapitalflussrechnungen stellen Ursachenrechnungen dar, die Aufschluss über die Herkunft und Verwendung von Liquidität während einer Periode geben. Sie können dabei retrospektiv (z.B. zur Finanzanalyse) oder prospektiv (z.B. als Finanzplan) erstellt werden. Kapitalflussrechnungen sind Bewegungsrechnungen, die liquiditätswirksame Vorgänge über eine bestimmte Periode aufzeigen. Sie schaffen weitergehende Informationen über die finanzielle Lage eines Unternehmens und sind mittlerweile fester Bestandteil vieler Jahresabschlüsse. Auch internationale Rechnungslegungsstandards wie z.B. die International Accounting Standards (IAS) oder US-GAAP fordern zwingend die Aufstellung einer Kapitalflussrechnung (Cash Flow statement). Die Kapitalflussrechnung beinhaltet als Ursachenrechnung alle Liquiditätsbeschaffungs- und Liquiditätsverwendungsvorgänge, sie findet ihre

Kontrollrechnung im sogenannten Liquiditätssaldo, der die Liquiditätsbestände zu Beginn und Ende der Abrechnungsperiode gegenüberstellt. Mit einer Kapitalflussrechnung können die Innenfinanzierungskraft eines Unternehmens (Cash Flow), die Quellen der Außenfinanzierung, Desinvestionsvorgänge, Investitionen und Definanzierungen sowie deren Auswirkung auf die Liquidität des Unternehmens analysiert werden. Kapitalflussrechungen werden heute fast ausschließlich als Fondsrechnungen erstellt, auf eine Darstellung der früher relevanten Bewegungsbilanzen wird daher verzichtet.

7.2.2 Systematik

Fonds- und Gegenbestandskonten

Der Dreh- und Angelpunkt der meisten Kapitalflussrechnungen (auf eine Darstellung „exotischer" Ausprägungen wie der Kapitalbeschaffungs- und Verwendungsbilanz wird hier verzichtet) ist die Veränderung der **Liquidität** des Unternehmens einschließlich der Ursachen dafür. Wie in der Bilanzanalyse ist die Definition des Begriffs Liquidität auch für die Kapitalflussrechnungen nicht einheitlich. Liquidität bedeutet die Fähigkeit und Bereitschaft eines Unternehmens, seinen Zahlungsverpflichtungen termingerecht und betragsgenau nachzukommen. In der Bilanzanalyse finden dafür als Gradmesser die Liquiditätsgrade 1-3 Verwendung, die zugegebenermaßen nur als Momentaufnahmen zu begreifen sind.

Die ersten Kapitalflussrechnungen griffen die Liquiditätsdefinition der Bilanzanalyse auf und stellten die Liquiditätsgrade 1-3 als Differenzen dar, die sie als Fonds bezeichneten. So wurde aus der Liquidität 3, die als Quotient von Umlaufvermögen und kurzfristigem Fremdkapital definiert ist, das Nettoumlaufvermögen oder net working capital als Differenz zwischen Umlaufvermögen und kurzfristigem Fremdkapital. Damit soll ausgedrückt werden, welcher Betrag an Liquidität über die vorhandenen kurzfristigen Verbindlichkeiten hinaus vorhanden ist. Dieser Gradmesser entspricht dabei auch den goldenen Bilanz- und Finanzierungsregeln, die besagen, dass langfristiges Vermögen auch langfristig finanziert sein soll. Heute findet sich eine Zahl von **Fondsdefinitionen**, von denen drei wesentliche und praxisrelevante Ausprägungen in Abbildung 7.5 dargestellt sind. In der Praxis werden die Fonds „Liquide Mittel (Cash)" (auch in abgewandelter Form) und „Nettoumlaufvermögen (Net working capital)" häufiger eingesetzt als der Fonds „Nettogeldvermögen (Net money assets)". Dies verwundert, da die liquiden Mittel täglich stark schwanken und auf einer Tagesbasis eher dem Zufallsprinzip folgen und das

Nettoumlaufvermögen das Vorratsvermögen umfasst, über dessen fristgerechte Verwertbarkeit bisweilen Zweifel herrschen. Sowohl bei der pragmatischen als auch bei der theoretischen Betrachtungsweise sollte man das Nettogeldvermögen stärker berücksichtigen. Es vergleicht weitgehend fristenkongruente Positionen der Aktiva und Passiva und vermeidet die Bewertungsproblematik im Vorratsvermögen.

Erfasste Bilanzpositionen	Fondsdefinitionen		
	Liquide Mittel	Nettogeld-vermögen	Nettoumlauf-vermögen
Aktivpositionen			
Kasse, Post, Kontokorrent			
Kurzfristige Festgelder, Besitzwechsel			
Kurzfristige Kundenforderungen, transitorische Aktiva (Geld)			
Transitorische Aktiva (Dienstleistungen), Anzahlungen an Lieferanten, Vorräte			
Passivposten			
Kontokorrent			
Kreditoren, Schuldwechsel, Dividenden			
Transitorische Passiva (Geld), kurzfristige Rückstellungen			
Transitorische Passiva (Dienstleistungen), Kundenanzahlungen			

Abbildung 7.5: Fondsdefinitionen

Terminologisch werden die im jeweiligen Fonds enthaltenen Konten als Fondskonten bezeichnet, jene außerhalb des Fonds als Gegenbestandskonten. Als liquiditätswirksam werden alle Vorgänge angesehen, die die Höhe des Fonds verändern.

Cash Flow – direkte und indirekte Ermittlung

Die wertmäßige Summe all jener Vorgänge, die liquiditäts- und erfolgswirksam sind, wird als Cash Flow bezeichnet. Der Cash Flow stellt den Überschuss an Liquidität einer Periode dar, der für Investitionen, Schuldentilgung und Ausschüttungen an die Eigenkapitalgeber verwendet werden kann, sowie gegebenenfalls als Liquiditätsreserve im Unternehmen verbleiben kann. Auf direktem Wege wird der Cash Flow aus der Differenz von liquiditätswirksamem Ertrag und liquiditätswirksamem Aufwand ermittelt. Liquiditätswirksam ist dabei gleichbedeutend mit fondswirksam, also fondserhöhend oder fondsmindernd. Die Abbildung 7.6 verdeutlicht die **direkte** Ermittlung des Cash Flow auf Basis des (grau unterlegten) Fonds Nettoumlaufvermögen.

Aktiva	Passiva	Aufwand	Ertrag
❶ ❸ Umlaufvermögen	Kurzfristiges ❷ Fremdkapital ❹	❶ ❷	❸ ❹
net working capital {	Langfristiges Fremdkapital		
Anlagevermögen	Eigenkapital		

Abbildung. 7.6: Direkte Cash Flow-Ermittlung

Die Zahlen 1-4 in der Abbildung stellen dabei die Menge der möglichen Cash Flow-wirksamen Buchungen dar:

❶: Per Aufwandskonto an Umlaufvermögenkonto (z.B. Lohnüberweisung).

❷: Per Aufwandskonto an Konto im kurzfristigen Fremdkapital (z.B. Rechnung der Stromwerke auf Ziel).

❸: Per Umlaufvermögenkonto an Ertragskonto (z.B. Warenverkauf auf Ziel).

❹: Per Konto im kurzfristigen Fremdkapital an Ertragskonto (z.B. Ertrag aus der Auflösung von kurzfristigen Rückstellungen).

Problematisch bei der direkten Ermittlung ist die zu betrachtende hohe Anzahl an Buchungen, die zudem nur Personen im Unternehmen offen liegen. Aus Vereinfachungsgründen und auch für externe Analytiker wurde daher die **indirekte** Methode zur Cash Flow-Ermittlung entwickelt.

Geht man (unter Vernachlässigung der Ertragssteuern) davon aus, dass der Jahresüberschuss (JÜ) aus der Differenz von Ertrag (E) und Aufwand (A) resultiert und Ertrag und Aufwand im Sinne der obigen Ausführungen nur liquiditätswirksam oder nicht liquiditätswirksam (E_l und A_l bzw. E_{nl} und A_{nl}) sein können, so lässt sich folgende Formel formulieren:

$$JÜ = E - A.$$

Diese wiederum kann erweitert werden zu

$$JÜ = E_l + E_{nl} - A_l - A_{nl}$$

und lässt sich sodann umformen in

$$JÜ + Anl - Enl = El - Al.$$

Damit ist klar, dass der direkt ermittelte Cash Flow (El – Al) seine Entsprechung im indirekt ermittelten Cash Flow (JÜ + Anl – Enl) findet.

Das theoretische Modell wird wieder anhand von Beispielen in Abbildung 7.7 dargestellt.

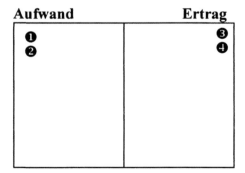

Abbildung 7.7: Indirekte Cash Flow-Ermittlung

Die Zahlen 1-4 in der Abbildung stellen dabei die Menge der möglichen Cash Flow-wirksamen Buchungen bei indirekter Ermittlung dar:

❶: Per Aufwandskonto an Anlagevermögenkonto (z.B. Abschreibungen).

❷: Per Aufwandskonto an Konto im langfristigen Kapital (z.B. Zuführung zu Pensionsrückstellungen auf Ziel).

❸: Per Anlagevermögenkonto an Ertragskonto (z.B. Aktivierung von Eigenleistungen).

❹: Per Konto im langfristigen Kapital an Ertragskonto (z.B. Ertrag aus der Auflösung von langfristigen Rückstellungen).

Heute wird der Cash Flow nicht mehr nur als Indikator für die Innenfinanzierungskraft eines Unternehmens eingesetzt, sondern er findet im Rahmen der wertorientierten Betriebswirtschaftslehre als Brutto Cash Flow und Free Cash Flow Verwendung. Der Brutto Cash Flow kann dabei gleichgesetzt werden mit dem hier dargestellten Cash Flow; er steht für Steuern, Schuldentilgung, Ausschüttungen und Investitionen zur Verfügung. Aus dem Brutto Cash Flow werden die Investitionen getätigt, damit erhält man den Free Cash Flow, der für die Befriedigung der Ansprüche der Kapitalgeber (Eigen- wie Fremdkapitalgeber) und zur Liquiditätserhöhung dient; er wird auch bei der Ermittlung des Shareholder Values verwendet.

Kapitalflussrechnung und Liquiditätssaldo

Liquidität wird nicht nur durch erfolgswirksame Vorgänge beeinflusst, sie kann auch durch Bewegungen zwischen Bestandskonten verändert werden. So wird dem Unternehmen Liquidität durch die Aufnahme eines langfristigen Darlehens zugeführt oder durch Investitionen ins Anlagevermögen entzogen. Außer den Cash Flow-wirksamen Buchungen wird die Fondshöhe immer dann verändert, wenn eine Buchung zwischen Fondskonto und Gegenbestandskonto stattfindet. Dieser Zusammenhang ist modellhaft in Abbildung 7.8 skizziert.

Die Zahlen 1-4 in der Abbildung stellen dabei die Menge der möglichen fondswirksamen Buchungen dar, wobei sowohl Buchungen per Fondskonten an Gegenbestandskonten als auch Buchungen per Gegenbestandskonten an Fondskonten anfallen können:

❶: Per aktives Fondskonto an aktives Gegenbestandskonto (Kauf einer Maschine per Überweisung).

❷: Per aktives Fondskonto an passives Gegenbestandskonto (Tilgung eines langfristigen Darlehens).

❸: Per passives Fondskonto an aktives Gegenbestandskonto (Kauf von Geschäftsausstattung auf Ziel).

❹: Per passives Gegenbestandskonto an passives Fondskonto (Umwandlung eines langfristigen Darlehens in eine kurzfristige Verbindlichkeit).

Aktiva	Passiva
❶ Umlaufvermögen	Kurzfristiges ❸ Fremdkapital ❹
❷ net working capital	❶
❷ Anlagevermögen	Langfristiges ❹ Fremdkapital
❸	Eigenkapital

Abbildung 7.8: Fondswirksame Buchungen zwischen Bestandskonten

Buchungen zwischen Fondskonten oder Buchungen innerhalb des Bereichs der Gegenbestandskonten beeinflussen die Fondshöhe nicht. Eine Zusammenstellung der Gesamtmenge aller Buchungen und ihrer Auswirkungen auf Fondsmittelherkunft (Liquiditätserhöhung) oder Fondsmittelverwendung (Liquiditätsminderung) zeigt die Umsatzmatrix in Abbildung 7.9:

		HABEN		
		Fondskonten	Erfolgs-konten	Gegenbestands-konten
SOLL	Fondskonten	❶	❷	❷
	Erfolgskonten	❸	❹	❹
	Gegenbestandskonten	❸	❹	❹

Abbildung 7.9: Umsatzmatrix als Grundlage der Kapitalflussrechnung

Dabei führen die Sollbuchungen in Fondskonten mit Habenbuchungen in Erfolgs- oder Gegenbestandskonten (❷) zu einer Liquiditätserhöhung (Fondsmittelherkunft), die Habenbuchungen in Fondskonten mit Sollbuchungen in Erfolgs- oder Gegenbestandskonten (❸) zu einer Liquiditätsminderung (Fondsmittelverwendung).

Der Inhalt einer Kapitalflussrechnung wird oft nach Mittelherkunft und Mittelverwendung gegliedert, ein entsprechender Vorschlag ist in Abbildung 7.10 skizziert:

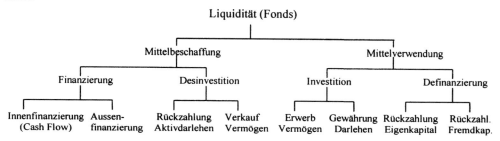

Abbildung 7.10: Gliederung einer Kapitalflussrechnung nach Mittelherkunft und
Mittelverwendung

Heute wird in der Regel nach Umsatz-, Investitions- und Kapitalbereich struktu-
riert:

Liquidität (Fonds)	➢ Umsatzbereich (Cash Flow)	• Liquiditätswirksamer Ertrag • Liquiditätswirksamer Aufwand
	➢ Investitionsbereich	• Investitionen • Desinvestitionen
	➢ Kapitalbereich	• Kreditfinanzierung • Kreditdefinanzierung • Eigenkapitalfinanzierung • Eigenkapitaldefinanzierung

Abbildung. 7.11: Gliederung einer Kapitalflussrechnung nach dem Bereichsaspekt

Der Umsatzbereich wird heute als Cash Flow aus operativer Geschäftstätigkeit, der
Investitionsbereich als Cash Flow aus Investitionstätigkeit und der Kapitalbereich
als Cash Flow aus Finanzierungstätigkeit bezeichnet.

Unabhängig von der Art der Gliederung gehört zu einer Kapitalflussrechnung ihre
Kontrollrechnung, der so genannte Liquiditätssaldo. Er wird durch die Gegenüberstellung der Fondsbestandskonten zu Beginn und Ende der Abrechnungsperiode ermittelt.

Herr Aufschwung hat für 2008 die Bilanz und die Gewinn- und Verlustrechnung erstellt, ein Auszug aus dem Anlagespiegel liegt vor.

Bilanz					
Aktiva (in T€)	**2007**	**2008**	**Passiva (in T€)**	**2007**	**2008**
			Gezeichnetes Kapital	800	800
Sachanlagevermögen	1.800	1.600	Kapitalrücklagen	100	100
			Gewinnrücklagen	80	80
			Gewinnvortrag	40	40
			Jahresüberschuss	0	210
Anlagevermögen	**1.800**	**1.600**	**Eigenkapital**	**1.020**	**1.230**
Vorräte	1.800	1.560	Rückstellungen (Pensionen)	1.300	1.200
Forderungen aus Lieferungen			Sonstige Rückstellungen	650	600
und Leistungen	1.300	1.400			
Flüssige Mittel	170	470	Verbindlichkeiten gegenüber		
			Kreditinstituten	2.100	2.000
Umlaufvermögen	**3.270**	**3.430**	**Fremdkapital**	**4.050**	**3.800**
Bilanzsumme	**5.070**	**5.030**	**Bilanzsumme**	**5.070**	**5.030**

Gewinn und Verlustrechnung (01.01.2008 - 31.12.2008)

Umsatzerlöse	1.800
Erhöhung des Bestandes an fertigen Erzeugnisse	120
Materialaufwand	-440
Personalaufwand	-600
Abschreibungen Sachanlagevermögen	-200
Sonstige betrieblichen Aufwendungen	-200
Sonstige betriebliche Erträge*	10
Zinsen und ähnliche Aufwendungen	-200
Steuern vom Einkommen und Ertrag	-80
Jahresüberschuss	**210**

* Sonstige betrieblichen Erträge stellen einen Gewinn aus dem Abgang von Anlagevermögen dar.

Auszug aus dem Anlagespiegel

	AHK	Zugänge (AHK)	Abgänge (AHK)	Abschreibungen des Gj. 2008	Buchwert 01.01.08	Buchwert 31.12.08
Sachanlagen	2.000	400	500	200	1.800	1.600

Abbildung. 7.12: Bilanz und Gewinn- und Verlustrechnung 2008

Auf Basis dieser Angaben erstellt Herr Aufschwung zunächst den Liquiditätssaldo:

Konto	Anfangsbestand	Endbestand	Veränderung
Lqiuide Mittel	170	470	+300

Die liquiden Mittel haben demnach um 370 T€ zugenommen und die Kapitalflussrechnung liefert die Erklärung der Ursachen dieser Zunahme.

Es resultiert folgende Kapitalflussrechnung:

Veränderung der liquiden Mittel		+ 300
Kapitalflussrechnung		
Cash Flow aus operativer Geschäftstätigkeit		
Jahresüberschuss	210	
Abschreibungen	200	
Abbau Vorräte	240	
Aufbau Forderungen	-100	
Abbau Rückstellungen	-150	
Sonstige betriebliche Erträge	-10	**390**
Cash Flow aus Investitionstätigkeit		
Investitionen	- 400	
Zufluss aus Desinvestitionen	410	**10**
Cash Flow aus Finanzierungstätigkeit		
Tilgung Darlehen	- 100	**-100**

Zu beachten ist, dass der Zufluss aus dem Verkauf von Sachanlagevermögen aus den sonstigen betrieblichen Erträgen und den Veränderungen in den Konten des Anlagevermögens zu berechnen ist. Die Abgänge im Anlagenspiegel sind zu historischen Anschaffungs- bzw. Herstellungskosten ausgewiesen, nicht zu Buchwerten!

Das Unternehmen erwirtschaftet einen guten operativen Cash Flow. Es deckt die Neuinvestitionen aus dem Verkauf von Anlagevermögen. Der Anstieg der liquiden Mittel ist hoch, ggf. hätte Herr Aufschwung mehr tilgen sollen.

7.3   Kennzahlen

7.3.1   Traditionelle Kennzahlen

Bei der Finanzanalyse spielen Kennzahlen eine herausragende Rolle. Neben den nachfolgend beschriebenen traditionellen Kennzahlen gewinnen moderne wertorientierte Kennzahlen auch unter dem Blickwinkel des Shareholder Values zunehmend an Bedeutung. Sie werden in Kapitel 7.3.2 beschrieben. Da sich die in Kapitel 7.1 genannten Zieldimensionen in verschiedenen Kennzahlen niederschlagen diskutieren wir die wichtigsten traditionellen Kennzahlen nachfolgend in den Dimensionen

* **Vermögen,**
* **Kapital,**
* **Finanzierung und**
* **Rentabilität.**

Kennzahlen zum **Vermögen** beziehen sich auf die Aktivseite der Bilanz. Wichtige Kennzahlen dabei sind:

Kennzahl	Definition
Anlageintensität	$\dfrac{\text{Anlagevermögen}}{\text{Gesamtvermögen}} \times 100$
Investitionsquote	$\dfrac{\text{Nettoinvestitionen in Sachanlagen}}{\text{Jahresanfangsbestand an Sachanlagen}} \times 100$
Umschlagshäufigkeit der Vorräte	$\dfrac{\text{Umsatzerlöse laut GuV}}{\text{durchschnittliches Vorratsvermögen}} \times 100$
Debitorenlaufzeit	$\dfrac{\text{durchschnittlicher Debitorenbestand}}{\text{Debitorenumsatz} + \text{Mehrwertsteuer}} \times 360$

Abbildung 7.13: Kennzahlen zum Vermögen

Anzumerken ist, dass durchschnittliche Bestandsgrößen im Rahmen der Finanzanalyse als Mittelwert zweier aufeinander folgender Bilanzwerte betrachtet werden.

Kennzahlen zum Kapital beziehen sich auf die Passivseite der Bilanz. Wichtige Kennzahlen dabei sind in Abbildung 7.14 dargestellt.

Kennzahl	Definition
Eigenkapitalquote	$\dfrac{\text{Eigenkapital}}{\text{Gesamtkapital}} \times 100$
Verschuldungsgrad	$\dfrac{\text{Fremdkapital}}{\text{Eigenkapital}} \times 100$
Bilanzkurs	$\dfrac{\text{Eigenkapital}}{\text{gezeichnetes Kapital}} \times 100$
1:1-Regel	$\dfrac{\text{Fremdkapital}}{\text{Eigenkapital}} \leq 1$
2:1-Regel	$\dfrac{\text{Fremdkapital}}{\text{Eigenkapital}} \leq 2$

Abbildung 7.14: Kennzahlen zum Kapital

Kennzahlen zur Finanzierung basieren auf den in Kapitel 7.1 genannten goldenen Bilanz- und Finanzierungsregeln. Die Abbildung 7.15 zeigt wichtige Kennzahlen dazu.

Bei der Berechnung des Anlagedeckungsgrades II wird unter dem „eisernen Bestand" jener Teil des Umlaufvermögens verstanden, der zur Aufrechterhaltung des Leistungserstellungsprozesses immer benötigt wird.

Die Liquiditätskennzahlen entsprechen vom Inhalt her den in Kapitel 7.2 dargestellten Fondskonzeptionen, werden im Unterschied zu diesen jedoch nicht als absolute, sondern als relative Größen berechnet. Die Liquidität 1. Grades sollte über 20%, die Liquidität 2. Grades über 100% und die Liquidität 3. Grades über 200% betragen.

Kennzahl	Definition
Anlagendeckung I	$\dfrac{\text{Eigenkapital}}{\text{Anlagevermögen}} \times 100$
Anlagendeckung II	$\dfrac{\text{Eigenkapital + langfristiges Fremdkapital}}{\text{Anlagevermögen + eiserner Bestand}} \times 100$
Liquidität 1. Grades	$\dfrac{\text{Zahlungsmittel}}{\text{kurzfristige Verbindlichkeiten}} \times 100$
Liquidität 2. Grades	$\dfrac{\text{Zahlungsmittel + kurzfristige Forderungen}}{\text{kurzfristige Verbindlichkeiten}} \times 100$
Liquidität 3. Grades	$\dfrac{\text{Umlaufvermögen}}{\text{kurzfristige Verbindlichkeiten}} \times 100$

Abbildung 7.15: Kennzahlen zur Finanzierung

Die Kennzahlen zur Rentabilität stellen ein Verhältnis zwischen Erfolgsgröße und Bestandsgröße her. Als Erfolgsgröße wird der Jahresüberschuss verwendet, als Bestandsgrößen kommen Eigen- und Gesamtkapital zum Einsatz. Die Umsatzrentabilität den Jahresüberschuss ins Verhältnis zum Umsatz. Wichtige Rentabilitätskennzahlen sind in Abbildung 7.16 aufgeführt:

Kennzahl	Definition
Eigenkapitalrentabilität	$\dfrac{\text{Jahresüberschuss}}{\text{Eigenkapital}} \times 100$
Gesamtkapitalrentabilität	$\dfrac{\text{Jahresüberschuss + Zinsaufwand}}{\text{Gesamtkapital}} \times 100$
Umsatzrentabilität	$\dfrac{\text{Jahresüberschuss}}{\text{Umsatz}} \times 100$

Abbildung 7.16: Kennzahlen zur Rentabilität

Bei der Berechnung der Gesamtkapitalrentabilität ist vom Jahresüberschuss vor Zinsaufwand auszugehen, da dieser zur Befriedigung von Eigen- und Fremdkapitalgebern dient. Hingewiesen sei an dieser Stelle nochmals auf den in Kapitel 7.1 skizzierten Leverage-Effekt.

7.3.2 Wertorientierte Kennzahlen

Moderne Kennzahlen basieren auf dem Shareholder Value-Gedanken: Ein Unternehmen ist so zu führen, dass sein Wert für die Eigenkapitalgeber gesteigert wird. Dies kann jedoch nicht mit den klassischen Jahresüberschussbetrachtungen analysiert werden, da diese manipulierbar sind. Moderne wertorientierte Kennzahlen stellen darauf ab, dass die Kapitalrendite höher sein muss als die gesamten Kapitalkosten inklusive der Opportunitätskosten für entgangenen Zins auf das Eigenkapital. Aus finanzieller Sicht sind dabei neben periodenüberschussbasierten Größen Ein- und Auszahlungsströme relevant. In der Regel werden Größen des Jahresabschlusses modifiziert, die Herleitung einiger dieser Größen zeigt die Abbildung 7.17. Zur besseren Vergleichbarkeit sind bei allen jahresabschlussbasierten Größen Anpassungen (so genannte Konversionen) nötig.

Der $NOPAT_{BI}$ dient u.a. der Ermittlung des Return on Net Assets (RONA). Dabei wird er dividiert durch die Net Assets, die sich aus dem Gesamtkapital (=Gesamtvermögen) minus dem unverzinslichen Fremdkapital ergeben. Die Net Assets entsprechen damit wertmäßig dem zu verzinsenden Kapital. Wenn der RONA größer ist als die Kapitalkosten, wird ein Economic Value Added (EVA) geschaffen. Den Gesamtzusammenhang zeigt die Abbildung 7.18.

Als Beispiele für unverzinsliches Fremdkapital (interest free liabilities) sind in der Abbildung Forderungen aus Lieferungen und Leistungen (trade liability), Kundenanzahlungen (advances received) und Rückstellungen für Einkommensteuer (accruals for income tax) genannt, die vom Gesamtvermögen (assets), bestehend aus Anlagevermögen (fixed assets) und Umlaufvermögen (current assets), subtrahiert werden.

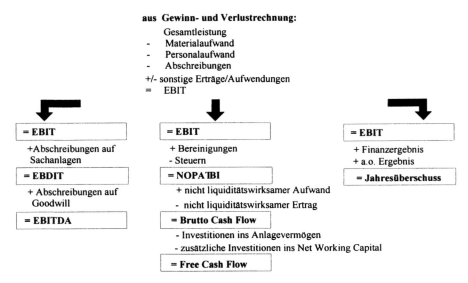

Abbildung 7.17: Betriebswirtschaftliche Größen I

Dabei bedeuten die Abkürzungen:

- **EBIT**:   Earnings before Interest and Taxes
- **EBDIT**:   Earnings before Depreciation, Interest and Taxes
- **EBITDA**: Earnings before Interest, Taxes, Depreciation and Amortisation
- **NOPAT$_{BI}$**: Net Operating Profit after Taxes before Interest

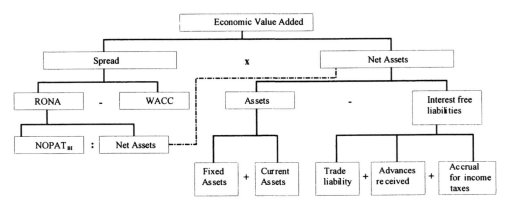

Abbildung 7.18: Betriebswirtschaftliche Größen II

Die Kapitalkosten werden wie in Abbildung 7.19 dargestellt mit dem Modell der Weighted Average Cost of Capital ebenfalls nach Steuern ermittelt:

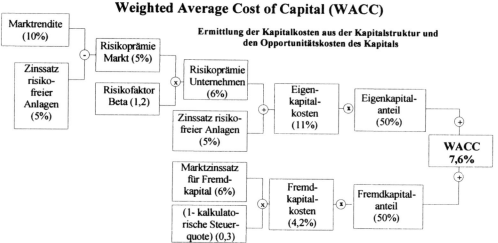

Abbildung 7.19: Weighted Average Cost of Capital

Dabei werden die Fremdkapitalkosten um die Steuerquote korrigiert, da der Zinsaufwand das zu versteuernde Ergebnis und damit die Steuerlast mindert. Die Eigenkapitalkosten werden nach der Capital Asset Pricing Model (CAPM) berechnet. Dabei stellt der ß-Faktor ein Maß für das unternehmensspezifische Risiko dar.

Herr Aufschwung berechnet für sein Unternehmen den geplanten Economic Value Added für das Jahr 2010. Dazu liegen folgende Planbilanz und Plan-GuV-Rechnung vor (alle Angaben in Mio. €):

Aktiva		Planbilanz zum 31.12.2009	Passiva
Anlagevermögen	5,0	Eigenkapital	4,0
Umlaufvermögen	6,0	Fremdkapital	
		- Bankdarlehen	5,5
		- Verbindlichkeiten aus LuL	1,5
Summe Aktiva	11,0	Summe Passiva	11,0

Im Anlagevermögen ist ein Grundstück in Höhe von 1,5 Mio. € enthalten, das nicht betrieblich genutzt wird.

Plan-GuV-Rechnung zum 31.12.2009	Mio. €
Umsatzerlöse	20,0
Herstellungskosten des Umsatzes	12,0
Verwaltungs- und Vertriebskosten	3,0
Zinsaufwendungen	2,0

Der Ertragssteuersatz beträgt 20%. Die Kapitalkosten sollen auf Grundlage folgender Angaben ermittelt werden:

- Rendite risikoloser Anlagen	5,0%
- Rendite des Marktportfolios	10,0%
- β - Faktor	1,0
- Zinssatz für Fremdkapital	5,0%
- Ziel-Eigenkapitalquote	30%

Zunächst ermittelt Theo Aufschwung die Kapitalkosten:

$$WACC = \frac{EK}{GK} \times \left[r_f + \left(r_M - r_f\right) \times \beta\right] + \frac{FK}{GK} \times (1 - s) \times r_{FK}$$
$$WACC = 0,3 \times \left[0,05 + \left(0,1 - 0,05\right) \times 1,0\right] + 0,7 \times (1 - 0,2) \times 0,05$$
$$WACC = 0,058 = 5,8\%$$

Dann berechnet er den NOPAT$_{BI}$:

Umsatzerlöse	16,5
Herstellungskosten des Umsatzes	9,8
Verwaltungs- und Vertriebskosten	2,7
Ergebnis vor Steuern und Zinsen (EBIT)	4,0
Steueraufwand auf EBIT	0,8
NOPAT$_{BI}$	**3,2**

Nun benötigt er noch die net assets:

Aktiva	11,0
Verbindlichkeiten aus LuL	1,5
nicht betriebsnotwendiges Grundstück	1,5
investiertes Kapital	**8,0**

Jetzt kann der EVA berechnet werden:

NOPAT$_{BI}$	3,2
Net assets	8,0
Kapitalkosten	5,8%
EVA	**2,736**

Während der Ecomomic Value Added sich auf eine Periode bezieht, betrachten die Konzepte des Shareholder Values und des Cash Flow Return on Investment die gesamte Lebensdauer des Unternehmens.

Der Shareholder Value wird aus der Differenz der Barwerte der zukünftigen Free Cash Flows, deren Berechnung in Abbildung 7.17 auf einer Nach-Steuern-Basis dargestellt wurde, und dem Barwert des Fremdkapitals ermittelt. Er stellt damit den Wert des Eigenkapitals aus ertragswertorientierter Sicht dar. Für einen bestimmten Planungshorizont, z.B. für 5 Jahre, werden die zukünftigen Free Cash Flows detailliert geplant, für die Zeit danach wird von einem durchschnittlichen (normalisierten) Free Cash Flow ausgegangen, der für einen unendlichen Zeitraum zur Verfügung steht. Finanzmathematisch betrachtet handelt es sich dabei um eine ewige Rente. Die Formel zur Berechnung des Shareholder Value zeigt die Abbildung 7.20. Auf eine Differenzierung nach Equity- und Entity-Ansätzen sowie alternative Konzepte zur Ermittlung der Kapitalkosten wird hier nicht eingegangen.

$$SHV = \sum_{t=0}^{n} \frac{FCF_t}{(1+i)^t} + \frac{FW}{(1+i)^n} - FK$$

SHV = Shareholder Value
FCF = Free Cash Flow
FW = Fortführungswert (normalisierter free cash flow / i)
FK = Barwert des Fremdkapitals
i = Kapitalisierungszinsfuss
t = Planungsperiode
n = Planungshorizont

Abbildung 7.20: Shareholder Value

Herr Aufschwung erwirtschaftet nachhaltig einen Cash Flow von 5,0 Mio. € pro Jahr, er hat Schulden in Höhe von 5,5 Mio. € und rechnet mit einem Zinssatz von

5,8%. Sein Shareholder Value beläuft sich auf 81,2 Mio. €.

Das klassische Konzept des Cash Flow Return on Investment (CFROI) berechnet die effektive Verzinsung des benötigten Kapitals. Dazu bedient es sich der Kapitalwertgleichung, die gleich Null gesetzt wird. Daraus wird der interne Zinssatz approximativ berechnet. Den Zusammenhang zeigt die Abbildung 7.21:

$$-BI + CF \times \frac{(1+CR)^T - 1}{(1+CR)^T \times CR} + NAA \times \frac{1}{(1+CR)^T} = 0$$

BI   = Bruttoinvestment (Anlagevermögen + Net Working Capital)
CF   = (normalisierter) Brutto Cash Flow der Perioden
CR   = Cash Flow Return on Investment
NAA = nicht planmäßig abschreibbare Aktiva
T   = durchschnittliche Nutzungsdauer der planmäßig abschreibbaren Aktiva

Abbildung 7.21: Cash Flow Return on Investment

Zur Verdeutlichung des Konzepts dient die Y-AG. Sie weist zum 31.12.2008 folgende Bilanz auf:

Aktiva	Bilanz zum 31.12.2008		Passiva
Anlagevermögen		Eigenkapital	
AV nicht abnutzbar	300	Grundkapital	350
AV abnutzbar	400	Rücklagen	250
Umlaufvermögen	300	Fremdkapital	
		langfr. FK	200
		kurzfr. FK	100
Bilanzsumme	**1.000**	**Bilanzsumme**	**1.000**

Aus der GuV- Rechnung und dem Anhang gehen folgende Angaben hervor:
• die kumulierten, das abnutzbare AV betreffenden Abschreibungen betragen 200
• die durchschnittliche Nutzungsdauer des abnutzbaren AV beträgt 8 Jahre
• der Jahresüberschuss beträgt 120
• die Jahresabschreibungen im AV betragen 40
• die Fremdkapitalzinsen wurden in Höhe von 20 erfasst
• der Steuersatz beträgt 25%
• die WACC betragen 10%

Die Berechnung des CFROI sieht wie folgt aus:

$$C_0 = -BIB + BCF \times \frac{(1+i)^n - 1}{(1+i)^n \times i} + NAA \times \frac{1}{(1+i)^n}$$

Zunächst wird die Bruttoinvestitionsbasis berechnet:

$AHK_{abnutzbares\ AV}$		
Buchwert 2008	400	
+ kum. AfA	200	
= abnutzb.AV zu AHK	600 →	600
+ $AHK_{nicht\ abnutzbares\ AV}$		+ 300
+ Working Capital		
Umlaufvermögen	300	
- kurzfr. Fremdkapital	-100	
= Working Capital	200 →	+ 200
= Bruttoinvestitionsbasis		1.100

Es folgt die Ermittlung des Brutto Cash Flow:

Jahresüberschuss	120,0
+ Abschreibungen des lfd. GJ	+ 40,0
+ Fremdkapitalzinsen	+ 20,0
- Steueraufwand auf FK-Zinsen	- 5,0
die FK- Zinsen werden fiktiv hinzugerechnet, mindern aber den tatsächlichen Steueraufwand i.H.v. 20 x 25% = 5,0	
= Brutto Cash Flow	175,0

Die nicht planmäßig abschreibbaren Aktiva ergeben sich wie folgt:

	nicht abnutzbares AV		200
+	Working Capital		
	Umlaufvermögen	500	
-	kurzfr. Fremdkapital	- 200	
=	Working Capital	300 →	+ 300
=	NAA		500

Abschließend kann der CFROI berechnet werden:

$$C_0 = -BIB + BCF \times \frac{(1+i)^n - 1}{(1+i)^n \times i} + NAA \times \frac{1}{(1+i)^n}$$

$$C_0 = -1100 + 175 \times \frac{(1+i)^8 - 1}{(1+i)^8 \times i} + 470 \times \frac{1}{(1+i)^8}$$

Mit $i_1 = 11\%$ ergibt ein Kapitalwert C_{01} von 17,53.
Mit $i_2 = 12\%$ ergibt sich ein Kapitalwert C_{02} von -28,72.

Der interne Zinsfuß CFROI ergibt sich dann wie folgt:

$$i_{CFROI} = i_1 - C_1 \times \frac{i_2 - i_1}{C_2 - C_1}$$

$$i_{CFROI} = 0,11 - 17,53 \times \frac{0,12 - 0,11}{(-28,72) - 17,53} = 0,1138 = 11,38\%$$

Die interne Verzinsung des Gesamtkapitals beträgt 11,38% und liegt über den geforderten WACC von 10%.

1998 führte die Boston Consulting Group ein **zweites CFROI-Modell** ein, da die klassische Methode Schwächen aufweist: Durch die Transformation der Daten einer Periode in ein dynamisches Mehrperiodenmodell und die anschließende Rückrechnung dieser Daten auf eine Periode durch die Anwendung der internen Zinsfußmethode wird nur scheinbar eine Dynamisierung erreicht. Die Brutto Cash Flows werden aber als konstant unterstellt, so dass effektiv keine Dynamisierung eintritt.

Diese Scheindynamisierung wird durch eine Periodenbetrachtung ersetzt und der **CFROI** nach der **zweiten Variante** wie folgt berechnet:

$$CFROI_{mod.} = \frac{Brutto\ Cash\ Flow\ (BCF) - \ddot{o}konomische\ Abschreibung\ (\ddot{o}A)}{Bruttoinvestitionsbasis\ (BIB)}$$

Brutto Cash Flow (BCF) und Bruttoinvestitionsbasis (BIB) werden dabei nach der ersten CFROI-Variante berechnet.

Die **ökonomische Abschreibung** (öA) umfasst den gleich bleibenden Betrag, der jedes Jahr zurückgelegt werden müsste, um das abnutzbare Anlagevermögen über die gesamte Nutzungsdauer zurückzuverdienen. Die ökonomische Abschreibung ermittelt sich wie folgt:

$$\text{öA} = \text{planmäßig abschreibbare Aktiva} \times \frac{\text{WACC}}{(1 + \text{WACC})^n - 1}$$

Sie entspricht von der Idee her einem Ansparfonds: Wie viel muss jedes Jahr zurück gelegt werden, damit am Ende der Laufzeit die nötigen Mittel zur Reinvestition vorhanden sind?

In obigem Beispiel ergibt sich als ökonomische Abschreibung:

$$\text{öA} = 600 \times \frac{0,1}{(1,1)^8 - 1} = 52,47$$

Es ergibt sich ein CFROI von:

$$\boxed{CFROI_{\text{mod.}} = \frac{175 - 52,47}{1.100} = 0,1114 = 11,14\%}$$

Der EVA wird zum Market Value Added als Gesamtunternehmenswert, in dem man die EVAs der Zukunft auf heute diskontiert:

$$\boxed{MVA = \sum_{t=1}^{n} EVA_t \times \frac{1}{(1 + WACC)^t}}$$

Der CFROI kann in beiden Varianten zur Berechnung des Cash Value Added verwendet werden. Er stellt die Rentabilität einer Periode (CFROI) der geforderten Mindestverzinsung (WACC) gegenüber und multipliziert die Differenz mit der Bruttoinvestitionsbasis, um dadurch den absoluten Wertzuwachs der Periode zu erhalten:

$$\boxed{CVA = (CFROI - WACC) \times BIB}$$

Der Kern dieser Kennzahl ist vergleichbar dem EVA™, der die Kapitalisierung der über den Kapitalkosten liegenden Rentabilität abbildet. Im Gegensatz zum EVA™ wird beim CVA jedoch nicht auf eine gewinnorientierte Größe, sondern auf den Cash Flow abgestellt. Damit wird die Vergleichbarkeit von Unternehmen erleichtert, da der Cash Flow weniger durch bilanzpolitische Maßnahmen manipuliert werden kann.

Weitere moderne Kennzahlen sind in der Abbildung 7.22 aufgeführt:

Kennzahl	Definition
ROCE (Return on Capital Employed)	$$\frac{NOPAT_{BI}}{\text{Capital Employed}} \times 100$$ Capital Employed = Anlagevermögen + net working capital
Cash Value Added	(net working capital + fixed assets) × (CFROI - WACC n. St.)

Abbildung 7.22: Weitere moderne Kennzahlen

7.4 Aufgaben zu Kapitel 7

Aufgabe 20: Leverage-Effekt

Die Wilhelm Wucher AG hat einen Kapitalbedarf von 200.000 €. Sie erwirtschaftet eine Gesamtkapitalrentabilität von 12%, der Fremdkapitalzinssatz beträgt 7%.
Berechnen Sie die Eigenkapitalrentabilität bei 100%-iger, 50%-iger, 20%-iger und 10%-iger Eigenfinanzierung.

Aufgabe 21: Kapitalflussrechnung

Für das Geschäftsjahr 2008 wurden die Bilanz und die Gewinn- und Verlustrechnung erstellt, ein Auszug aus dem Anlagespiegel liegt vor.
Erstellen Sie aus den umseitigen Angaben die Kapitalflussrechnung.

Aufgabe 22: Kennzahlen

Führen Sie auf Basis der Angaben in Aufgabe 21 eine kennzahlenbasierte Analyse durch.

Aufgabe 23: CFROI und CVA

Die Y- AG weist zum 31.12.2008 folgende Bilanz auf:

Aktiva	Bilanz zum 31.12.2008		Passiva
Anlagevermögen		Eigenkapital	
AV nicht abnutzbar	300	Grundkapital	350
AV abnutzbar	400	Rücklagen	250
Umlaufvermögen	300	Fremdkapital	
		langfr. FK	200
		kurzfr. FK	100
Bilanzsumme	1.000	Bilanzsumme	1.000

Aus der GuV- Rechnung gehen folgende Angaben hervor:
- die kumulierten, das abnutzbare AV betreffenden Abschreibungen betragen 200
- die durchschnittliche Nutzungsdauer des abnutzbaren AV beträgt 8 Jahre
- der Jahresüberschuss beträgt 120
- die Jahresabschreibungen im AV betragen 40
- die Fremdkapitalzinsen wurden in Höhe von 20 erfasst
- der Steuersatz beträgt 25%
- die WACC betragen 12%

Berechnen Sie den CFROI und den CVA nach alter und neuer Methode.

Bilanz und GuV für die Aufgaben 21 und 22:

Bilanz						
Aktiva (in Mio. €)	**2008**	**2007**	**Passiva (in Mio. €)**	**2008**	**2007**
Sachanlagevermögen	1.600	1.800	Gezeichnetes Kapital	800	800
			Kapitalrücklagen	100	100
			Gewinnrücklagen	80	80
			Gewinnvortrag	0	40
			Jahresüberschuss	270	0
Anlagevermögen	**1.600**	**1.800**	**Eigenkapital**	**1.250**	**1.020**
Vorräte	1.800	1.400	Rückstellungen (Pensionen)	1.300	1.200
Forderungen aus Lieferungen			Sonstige Rückstellungen	650	580
und Leistungen	1.300	1.400			
Flüssige Mittel	600	100	Verbindlichkeiten gegenüber		
			Kreditinstituten	2.100	1.900
Umlaufvermögen	**3.700**	**2.900**	**Fremdkapital**	**4.050**	**3.680**
Bilanzsumme	**5.300**	**4.700**	**Bilanzsumme**	**5.300**	**4.700**

Gewinn und Verlustrechnung (01.01.2008 - 31.12.2008)

Umsatzerlöse	2.000
Erhöhung des Bestandes an fertigen Erzeugnisse	200
Materialaufwand	-500
Personalaufwand	-700
Abschreibungen Sachanlagevermögen	-250
Sonstige betrieblichen Aufwendungen	-300
Sonstige betriebliche Erträge*	50
Zinsen und ähnliche Aufwendungen	-150
Steuern vom Einkommen und Ertrag	-80

Jahresüberschuss   **270**

* Sonstige betrieblichen Erträge stellen einen Gewinn aus dem Abgang von Anlagevermögen dar.

Auszug aus dem Anlagespiegel

	AHK	Zugänge (AHK)	Abgänge (AHK)	Abschreibungen des Gj. 2008	Buchwert 01.01.08	Buchwert 31.12.08
Sachanlagen	2.000	400	500	250	1.800	1.600

Der Gewinnvortrag des Vorjahres wurde als Dividende ausgeschüttet.

Aufgabe 24: EVA und WACC
Die X-GmbH setzt im Controlling den EVA™- Ansatz ein. Dieser soll für das Jahr 2010 geplant werden. Dazu liegen folgende Planbilanz und Plan-GuV-Rechnung vor (alle Angaben in Mio. €):

Aktiva	Planbilanz zum 31.12.2009	Passiva	
Anlagevermögen	4,4	Eigenkapital	3,1
Umlaufvermögen	5,6	Fremdkapital	
		- Bankdarlehen	6,15
		- Verb. aus LuL	0,75
Summe Aktiva	**10,0**	**Summe Passiva**	**10,0**

Im Anlagevermögen ist ein Grundstück in Höhe von 1 Mio. € enthalten, das nicht betrieblich genutzt wird.

Plan-GuV-Rechnung zum 31.12.2009	Mio. €
Umsatzerlöse	16,5
Herstellungskosten des Umsatzes	9,8
Verwaltungs- und Vertriebskosten	2,7
Zinsaufwendungen	0,5

Der Ertragssteuersatz beträgt 40%.

Die Kapitalkosten werden auf Grundlage folgender Angaben ermittelt:

- Rendite risikoloser Anlagen	4,0%
- Rendite des Marktportfolios	9,0%
- β - Faktor	1,4
- Zinssatz für Fremdkapital	7,0%
- Ziel-Eigenkapitalquote	30%

Aufgabe 25: EVA und MVA
Die Controllingabteilung der Kraus AG hat für die Jahre 2008 - 2012 folgende Angaben (in Mio. €) ermittelt:

Jahr	2008	2009	2010	2011	2012
$NOPAT_{BI}$ in Mio. €	8	10	12	8	4
investiertes Kapital in Mio. €	60	80	50	30	50
Kapitalkosten (WACC)	9%	9%	9%	9%	9%

Berechnen Sie den EVA und MVA.

Lösungen zu den Aufgaben

Aufgabe 1

Teil A:

(1): Dividendenausschüttung oder Kreditrückzahlung.

(2): Investitionsausgabe für eine Sägemaschine, die später zu Abschreibungen führt.

(3): Ausgabe für Leim (Materialeinkauf) unter der Prämisse, dass dieser in der gleichen Periode bezahlt und verbraucht wird.

(4): Abschreibungen für in Vorperiode(n) gekaufte Anlagegüter.

(5): Bildung von Rückstellungen für Garantieleistungen, die nie gebraucht werden.

(6): Aufwand für das Privatflugzeug von Herrn Aufschwung, den ein geschickter Steuerberater gewinnmindernd gebucht hat.

(7): Die Lagerhalle von Herrn Aufschwung brennt überraschend ab.

(8): Herr Aufschwung zahlt Gewerbesteuer nach.

(9): Herr Aufschwung verwendet Holz zur Reparatur eines Schrankes und bewertet diesen Materialverbrauch.

(10): Herr Aufschwung schreibt in der Geschäftsbuchhaltung seine Sägemaschine in anderer Höhe ab als in der Betriebsbuchhaltung, da er seine Steuerlast minimieren möchte (Geschäftsbuchhaltung) bzw. den Güterverzehr zur Leistungserstellung möglichst realistisch einschätzen möchte (Betriebsbuchhaltung).

(11): Herr Aufschwung setzt in der Kostenrechnung kalkulatorische Mieten für sein Grundstück an.

Teil B:

(1): Herr Aufschwung erhöht das Eigenkapital seines Unternehmens oder nimmt einen Kredit für es auf.

(2): Herr Huber leistet eine Kundenanzahlung an Herrn Aufschwung, die Fertigstellung des gewünschten Himmelbettes ist erst in der Folgeperiode zu erwarten.

(3) Ein Kunde bezahlt die in der gleichen Periode erfolgte Reparatur in bar.

(4): Ein anderer Kunde bezahlt seine Rechnung traditionell etwa ein Jahr nach Rechnungsdatum.

(5): Herr Aufschwung bewertet seine Aktien, die im Vorjahr stark gefallen sind, nun aber wieder über den Anschaffungskosten notieren, zu Anschaffungskosten in der Bilanz.

(6): Herr Aufschwung realisiert erhebliche Gewinne aus der Spekulation mit Schweinehälften.

(7): Herr Aufschwung erhält Gewinne aus Enteignungsentschädigungen.

(8): Aus einem Rechtsstreit der Vorperiode erhält Herr Aufschwung eine Vergleichszahlung.

(9): Herr Aufschwung sendet Herrn Maier eine Rechnung für die in der gleichen Periode erbrachten Leistung.

(10): Herr Aufschwung bewertet einen von ihm instandgesetzten Bauernschrank in der Kostenrechnung niedriger als in der Steuerbilanz.

(11): Herr Aufschwung aktiviert die selbsterstellte Auftragsabwicklungs-Software kostenrechnerisch (das bilanzielle Wahlrecht übt er nicht aus).

Aufgabe 2

Durchlaufzeit

RHB-Lager	25 Tage
Fertigungsdauer	30 Tage
FE-Lager	10 Tage
Kundenziel	30 Tage (70%) !!!
Gesamt	**95 Tage**

KB Rohstoff	(25 -20 + 30 +10 +30 x 0,7) * 2.500
	= 66 x 2.500
	= 165.000 €
KB Löhne	(30 + 10 + 30 x 0,7) x 15.000
	= 61 x 15.000
	= 915.000 €
KB Gemeink.	(25 + 30 + 10 + 30 x 0,7) x 5.000
	= 86 x 5.000
	= 430.000 €
KB Gesamt	165.000 + 915.000 + 430.000 + 450.000 + 40.000
	= 2.000.000 €

Aufgabe 3

Planerfolgsrechnung:			
Monat	Januar	Februar	März
Umsatzerlöse (Absatzplan)	320	340	540
Materialkosten (Einzelmaterialbudget)	140	138	232
Kostenstellen Lager und Vertrieb	107	107	120
Kostenstellen Einkauf und Verwaltung	54	56	60
Planerfolg/Monat	**19**	**39**	**128**
Planerfolg kumuliert	**19**	**58**	**186**

Finanzplan:			
Monat	Januar	Februar	März
Anfangsbestand	50	93	175
Debitoren Schnittblumen	240	280	420
Debitoren Topfblumen	60	80	60
Kreditoren Schnittblumen	98	110	168
Kreditoren Topfblumen	-	40	60
Löhne und Gehälter	87	87	87
Personalnebenkosten (Sozialkosten)	-	-	52
Energiekosten	14	-	-
Reisespesen bar	4	5	5
Reisespesen Kreditkarte	3	4	5
Pagatorische Gemeinkosten	31	31	46
Zusätzliche Zahlungen	20	2	15
Endbestand	**93**	**175**	**217**

Aufgabe 4

Finanzierungsart	EF	FF	VU	IF	AF
1		x			x
2	x			x	
3		x		x	
4	(x)	(x)	x		
5	x			x	
6	x				x

Aufgabe 5

Faustformel: 9%
Genauer: 9,99%

Aufgabe 6
Annuitätendarlehen

Jahr	Schuld Beginn	Zins	Tilgung	Annuität	Schuld Ende
1	200.000,00	16.000,00	34.091,29	50.091,29	165.908,71
2	165.908,71	13.272,70	36.818,59	50.091,29	129.090,11
3	129.090,11	10.327,21	39.764,08	50.091,29	89.326,03
4	89.326,03	7.146,08	42.945,21	50.091,29	46.380,82
5	46.380,82	3.710,47	46.380,82	50.091,29	0,00

Annuitätenfaktor   **0,250456455**
Annuität   **50091,29091**

Abzahlungsdarlehen

Jahr	Schuld Beginn	Zins	Tilgung	Annuität	Schuld Ende
1	200.000,00	16.000,00	40.000,00	-	160.000,00
2	160.000,00	12.800,00	40.000,00	-	120.000,00
3	120.000,00	9.600,00	40.000,00	-	80.000,00
4	80.000,00	6.400,00	40.000,00	-	40.000,00
5	40.000,00	3.200,00	40.000,00	-	0,00

Festdarlehen

Jahr	Schuld Beginn	Zins	Tilgung	Annuität	Schuld Ende
1	200.000,00	16.000,00	-	-	200.000,00
2	200.000,00	16.000,00	-	-	200.000,00
3	200.000,00	16.000,00	-	-	200.000,00
4	200.000,00	16.000,00	-	-	200.000,00
5	200.000,00	16.000,00	200.000,00	-	0,00

Aufgabe 7

a)

	Anzahl	Wert je Stück	Gesamtwert
alte Aktien	12.000	490	5.880.000
neue Aktien	2.000	280	560.000
Gesamt	**14.000**	**460**	**6.440.000**

Der neue Börsenkurs wird sich voraussichtlich bei 460 € einstellen.

b)

$$B = \frac{490 - 280}{\frac{6}{1} + 1} = 30$$

Das Bezugsrecht hat einen Wert von 30 €.

Aufgabe 8

a) Kapitalerhöhung aus Gesellschaftsmitteln, bei der die Hauptversammlung mit ¾ Mehrheit beschließt, dass umwandlungsfähige Rücklagen (in den Kapital- und Gewinnrücklagen ausgewiesen und über die gesetzliche Rücklagen hinausgehend) in gezeichnetes Kapital umgewandelt werden.

b) Es fließen keine finanziellen Mittel zu; nur Tausch innerhalb des EK, also keine Finanzierung.

c) Kapitalerhöhung im Verhältnis 10 : 5 = 2 : 1; d.h. der Aktionär erhält auf sechs Aktien drei Berichtigungsaktien.

d) Voraussichtlich wird der Börsenkurs sinken, da durch die Erhöhung des gezeichneten Kapitals mehr Aktien in Zukunft dividendenberechtigt sind. Das Vermögen der Aktionäre ändert sich wahrscheinlich nicht, da Kursverluste durch Berichtigungsaktien ausgeglichen werden; der Anteil am EK der AG bleibt gleich.

e) Senkung des Aktienkurses führt zu Verbilligung der Aktie; bei gleichbleibendem Dividendensatz erhöht sich Rendite. Kann der Vorbereitung einer späteren Kapitalerhöhung gegen Einlagen dienen, da künftige Aktionäre eher bereit sein werden, junge Aktien zu erwerben.

Aufgabe 9

Einfacher Bilanzkurs: 900/600 x 100 = **150%**
Korrigierter Bilanzkurs: 1.000/600 x 100 = **166,67%**
Ertragswertkurs: (120/0,1)/600 x 100 = **200%**

Aufgabe 10

Lauf-zeit	Tilgung	Zins	Kapital-dienst	Leasing-raten	Liquidi-tätsdiffe-renz	kumu-liert	Zinsen Kauf	Absch reib-ung	Kosten Kauf	Kosten Leasing	Kosten-differenz	kumu-liert
1	20	10	30	25	5	5	10	10	20	25	-5	-5
2	20	8	28	25	3	8	8	10	18	25	-7	-12
3	20	6	26	25	1	9	6	10	16	25	-9	-21
4	20	4	24	25	-1	8	4	10	14	25	-11	-32
5	20	2	22	25	-3	5	2	10	12	25	-13	-45
6				5	-5	0	0	10	10	5	5	-40
7				5	-5	-5	0	10	10	5	5	-35
8				5	-5	-10	0	10	10	5	5	-30
9				5	-5	-15	0	10	10	5	5	-25
10				5	-5	-20	0	10	10	5	5	-20

Aufgabe 11

	Stück			
Jahr	Anfangsbestand	Wert AB	Zugänge	Abgänge
1	10	2400000	3	
2	13	3120000	4	
3	17	4080000	6	10
4	13	3120000	4	3
5	14	3360000	5	4
6	15	3600000	5	6
7	14	3360000	5	4
8	15	3600000	5	5
9	15	3600000	5	5
10	15	3600000	5	5
11	15	3600000	5	5
12	15	3600000	5	5
13	15	3600000	5	5
14	15	3600000	5	5
15	15	3600000	5	5

	Euro			
Jahr	Abschreibungen	Reinvestition	Differenz Abschr.-Reinvestition	Liquiditätsrest
1	800000	720000	80000	80000
2	1040000	960000	80000	160000
3	1360000	1440000	-80000	80000
4	1040000	960000	80000	160000

5	1120000	1200000	-80000	80000
6	1200000	1200000	0	80000
7	1120000	1200000	-80000	0
8	1200000	1200000	0	0
9	1200000	1200000	0	0
10	1200000	1200000	0	0
11	1200000	1200000	0	0
12	1200000	1200000	0	0
13	1200000	1200000	0	0
14	1200000	1200000	0	0
15	1200000	1200000	0	0

Aufgabe 12
a)
Beteiligungsfinanzierung = 110 Mio. € + 55 Mio. € = 165 Mio. €
Offene Selbstfinanzierung: 39.930 € Gewinnrücklage und 9.000 T€ Einstellung + 200 T€M
Gewinnvortrag = 49.130 T€

25 % von 50,- € = 12,50 € je Aktie + 1,50 € Bonus = 14,- € je Aktie
Aktienzahl: 110 Mio € : 50,- € = 2,2 Mio. Aktien
2,2 Mio * 14,- € je Aktie = 30,8 Mio. € Ausschüttung
40 Mio. € Jahresüberschuss – Einstellung Gewinnrücklagen 9 Mio € – Ausschüttung 30,8
Mio. € = Gewinnvortrag 0,2 Mio. €

b)
Sachanlagevermögen + Vorräte + Rückstellungen

c)
Fremdfinanzierung wegen Leverage-Effekt

Aufgabe 13
Der Kunde zahlt effektiv 5% + 1% Marge = 6%

Aufgabe 14
a) Kostenvergleich

Bezeichnung	Anlage A	Anlage B
kalk. AfA	$\dfrac{700.000 - 40.000}{8} = 82.500$	$\dfrac{630.000 - 30.000}{8} = 75.000$
kalk. Zinsen	$\dfrac{700.000 + 40.000}{2} \times 8\% = 29.600$	$\dfrac{630.000 + 30.000}{2} \times 8\% = 26.400$
sonst. K_{fix}	7.900	8.600
K_{fix} gesamt	120.000	110.000
Material	$\dfrac{79.500}{3.000} \times 2.400 = 63.600$	$\dfrac{79.240}{2.800} \times 2.400 = 67.920$
Fertigung	$\dfrac{69.900}{3.000} \times 2.400 = 55.920$	$\dfrac{95.760}{2.800} \times 2.400 = 82.080$
sonstige K_{var}	$\dfrac{66.600}{3.000} \times 2.400 = 53.280$	$\dfrac{40.600}{2.800} \times 2.400 = 34.800$
K_{var} gesamt	172.800	184.800
Gesamtkosten	**292.800**	**294.800**

b) Menge bei gleichen Kosten

$$\text{Gesamtkosten A} = \text{Gesamtkosten B}$$

$$(1): \quad K_{fix\ A} + k_{var\ A} \times x = K_{fix\ B} + k_{var\ B} \times x$$

<u>Berechnung:</u>

$$k_{var\ A} = \frac{K_{var\ A}}{x} = \frac{172.800}{2.400} = 72$$

$$k_{var\ B} = \frac{K_{var\ B}}{x} = \frac{184.200}{2.400} = 77$$

$$\rightarrow \text{aus (1): } x = \frac{K_{fix\,A} - K_{fix\,B}}{k_{var\,B} - k_{var\,A}} = \frac{120.000 - 110.000}{77 - 72} = 2.000$$

Bei einer Menge von 2.000 Stück weisen beide Investitionen Kosten in identischer Höhe auf.

c) Break-Even-Point

Der Break-Even-Point beschreibt die Stückzahl, bei der die Erlösen den Kosten entsprechen und damit weder Gewinn noch Verlust entsteht.

Berechnung:

(1): $\text{Erlöse} = \text{Menge (x)} * \text{Preis (p)}$

(2): $\text{Kosten} = K_{fix} + k_{var} \times x$

(1) – (2): $x * p - (K_{fix} + k_{var} \times x) = 0$ $\rightarrow$ $x = \dfrac{K_{fix}}{p - k_{var}}$

Maschine A: $x_A = \dfrac{120.000}{140 - 72} = 1.764$

Maschine B: $x_B = \dfrac{110.000}{140 - 77} = 1.746$

Aufgabe 15

Menge p.a. durchschnittlich		840.000
Abschreibungen	480.000,00	
Zinsen	120.000,00	
Fixe Kosten ohne KD	500.000,00	
Variable Kosten	1.344.000,00	
Summe Kosten	2.444.000,00	
Summe Erlöse	2.604.000,00	
Gewinn	**160.000,00**	

durchschnittliches eingesetztes Kapital	1.200.000,00
Gewinn vor Zinsen	280.000,00
Rentabilität	**23,33%**
Investitionsausgabe	2.400.000,00
Gewinn	160.000,00
Abschreibungen	480.000,00
Cash Flow (Rückfluss)	640.000,00
Amortisationsdauer	**3,75**

Aufgabe 16

Jahr	Ein-zahlungen	Auszah-lungen	Nettorück-flüsse	Abzin-sungsfak-tor	Barwert
t_0		400.000 €	-400.000 €	1	-400.000 €
t_1	200.000 €	120.000 €	80.000 €	0,91743119	73.394 €
t_2	210.000 €	125.000 €	85.000 €	0,84167999	71.543 €
t_3	220.000 €	130.000 €	90.000 €	0,77218348	69.497 €
t_4	230.000 €	135.000 €	95.000 €	0,70842521	67.300 €
t_5	210.000 €	120.000 €	90.000 €	0,64993139	58.494 €
t_6	200.000 €	115.000 €	85.000 €	0,59626733	50.683 €
Kapitalwert					**-9.089 €**

Die Investition lohnt sich nicht.

Aufgabe 17
Der Investor muss die jährliche Annuität in Höhe von 24.323 € einsparen. Bei einer tatsächlichen Einsparung von 26.323 € erwirtschaftet er mit der Investition jedes Jahr durchschnittlich 2.000 € über die Deckung seiner Kapitalkosten hinaus.

Aufgabe 18
Der Kreditgeber zahlt zu Beginn 46.000 € an den Kreditnehmer, er erhält 10 Jahre lang jeweils 3.000 € und nach 10 Jahren 50.000 € Rückzahlung.

Bei 7% Zins ergibt sich ein Kapitalwert von 488,21 €, bei 8% beträgt der Kapitalwert – 2.710,08 €. Es resultiert eine interne Verzinsung von 7,22%.

Aufgabe 19

Die durchschnittliche statische Amortisationsdauer beträgt 5,39 Jahre. Sie ergibt sich aus der Division des Kapitaleinsatzes (140.000 €) durch den durchschnittlichen Rückfluss (26.000 €).

Die kumulative statische Amortisationsdauer wird wie folgt berechnet:

Jahr	Rückfluss	kumuliert
1	20.000	
2	22.000	42.000
3	24.000	66.000
4	26.000	92.000
5	28.000	120.000
6	30.000	150.000
7	32.000	

Die Amortisation der Investition erfolgt im 8. Monat des 6. Jahres.

Die dynamische Amortisationsdauer ergibt sich folgendermaßen:

Jahr	Rückfluss nach Zinsen	Zinsen	Rückfluss vor Zinsen	Abzinsungsfaktor	Barwert	kumulierte Barwerte
1	20000	7000	27000	0,909090909	24.545,45 €	24.545,45 €
2	22000	7000	29000	0,826446281	23.966,94 €	48.512,40 €
3	24000	7000	31000	0,751314801	23.290,76 €	71.803,16 €
4	26000	7000	33000	0,683013455	22.539,44 €	94.342,60 €
5	28000	7000	35000	0,620921323	21.732,25 €	116.074,85 €
6	30000	7000	37000	0,56447393	20.885,54 €	136.960,38 €
7	32000	7000	39000	0,513158118	20.013,17 €	156.973,55 €

Hier dauert die Amortisation etwa 6 Jahre und 2 Monate.

Aufgabe 20

	100% EK	50% EK	20% EK	10% EK
Eigenkapital (in €)	200.000	100.000	40.000	20.000
Fremdkapital (in €)	0	100.000	160.000	180.000
Gesamtkapital (in €)	200.000	200.000	200.000	200.000
Fremdkapitalzinsen (in €)	0	7.000	11.200	12.600
Gewinn vor Zinsen (in €)	24.000	24.000	24.000	24.000
Reingewinn (in €)	**24.000**	**17.000**	**12.800**	**11.400**
Eigenkapitalrentabilität	**12,00%**	**17,00%**	**32,00%**	**57,00%**

Aufgabe 21

Veränderung liquide Mittel: **500**

Cash Flow aus laufender Geschäftstätigkeit

Jahresüberschuss	270		
Abschreibungen auf Sachanlagevermögen	250		
Aufbau Vorräte	-400		
Abbau Forderungen	100		
Erhöhung Rückstellungen	170		
Sonstige betriebliche Erträge (Anlagenabgang)	-50	**340**	
Cash Flow aus Investitionstätigkeit			
Investitionen	-400		
Desinvestitionen	400	**0**	
Cash Flow aus Finanzierungstätigkeit			
Ausschüttung Dividende	-40		
Erhöhung Verbindlichkeiten	200	**160**	**500**

Ermittlung der Abgänge zum Restbuchwert (RBW):

BW Vorjahr	1.600
+ Zugang	400
- Abschreibung Geschäftsjahr	250
- BW Geschäftsjahr	1.800
Abgang zum RBW	**350**

Desinvestition: Abgang zum Restbuchwert + sonstige betrieblichen Erträge
(Anlagenabgang)

Aufgabe 22

Anlageintensität:	31,81%
Investitionsquote	NA
Umschlagshäufigkeit der Vorräte:	1,25
Debitorenlaufzeit:	204,20
Eigenkapitalquote:	23,58%
Verschuldungsgrad:	324,00%
Anlagendeckung I:	78,13%
Anlagendeckung II:	159,38% (Annahme: Verb. KI sind langfristig)
Liquidität 1. Grades:	21,82%
Liquidität 2. Grades:	69,10%
Liquidität 3. Grades:	134,55%
Eigenkapitalrentabilität:	23,79%
Gesamtkapitalrentabilität:	5,4%
Umsatzrentabilität:	13,5%

Interpretation:
- Rentabilität hoch,
- Liquidität niedrig,
- Vorräte zu hoch
- Debitorenlaufzeit zu lang.

Aufgabe 23

a)   nach alter Methode

Brutto Cash Flow (BCF):	175
Bruttoinvestitionsbasis (BIB):	1100
Nicht planmäßig abschreibbare Aktiva (NAA):	500

$$C_0 = -BIB + BCF \times \frac{(1+i)^n - 1}{(1+i)^n \times i} + NAA \times \frac{1}{(1+i)^n}$$

Ermittlung Kapitalwert C_{01} mit Versuchzinssatz $i_1 = 12\%$:

$$C_{01} = -1100 + 175 \times \frac{(1+0,12)^8 - 1}{(1+0,12)^8 \times 0,12} + 500 \times \frac{1}{(1+0,12)^8} = -28,72$$

Ermittlung Kapitalwert C_{02} mit Versuchzinssatz $i_2 = 11\%$:

$$C_{02} = -1100 + 175 \times \frac{(1+0,11)^8 - 1}{(1+0,11)^8 \times 0,11} + 500 \times \frac{1}{(1+0,11)^8} = 17,54$$

Anschließend kann der CFROI mit Hilfe des internen Zinsfußes bestimmt werden:

$$i_{CFROI} = i_1 - C_1 \times \frac{i_2 - i_1}{C_2 - C_1} \rightarrow$$

$$i_{CFROI} = 0,11 - 17,54 \times \frac{0,12 - 0,11}{-28,72 - 17,54} = 0,1138 = 11,38\%$$

Die interne Verzinsung des Gesamtkapitals beträgt **11,38%**.

Für den Cash Value Added (CVA) ergibt sich:

$$CVA = (CFROI - WACC) \times BIB \rightarrow CVA = (0,1138 - 0,12) \times 1100 = -6,82$$

Der **CVA** beträgt folglich **-6,82**.

b)   nach neuer Methode
Abnutzbares Anlagevermögen: 600

$$CFROI_{mod.} = \frac{BCF - öA}{BIB}$$

$$öA = abnutzbares\ Anlagevermögen \times \frac{WACC}{(1+WACC)^n - 1}$$

$$öA = 600 \times \frac{0,12}{(1+0,12)^8 - 1} = 48,78$$

$$CFROI_{mod.} = \frac{175 - 48,78}{1100} = 0,1147 = 11,47\%$$

Als **CVA** nach der neuen Methode ergibt sich **-5,83**.

Aufgabe 24

$$EVA = NOPAT - (net\ assets \times Kapitalkosten)$$

a)

Umsatzerlöse	16,5
Herstellungskosten des Umsatzes	9,8
Verwaltungs- und Vertriebskosten	2,7
Ergebnis vor Steuern und Zinsen (EBIT)	4,0
Steueraufwand auf EBIT	1,6
NOPATBI	2,4

b)

Aktiva	10,0
Verbindlichkeiten aus LuL	0,75
Nicht betriebsnotwendiges Grundstück	1,0
Net assets	8,25

c)

$NOPAT_{BI}$	2,4
Net assets	8,25
Kapitalkosten*	6,24%
EVA	**1,8852**

*Kapitalkosten (WACC):

$$WACC = \frac{EK}{GK} \times \left[r_f + (r_M - r_f) \times \beta\right] + \frac{FK}{GK} \times (1 - s) \times r_{FK}$$
$$WACC = 0,3 \times \left[0,04 + (0,09 - 0,04) \times 1,4\right] + 0,7 \times (1 - 0,4) \times 0,07$$
$$WACC = 0,0624 = 6,24\%$$

Aufgabe 25

	2008	2009	2010	2011	2012
EVA	2,6	2,8	7,5	5,3	-0,5
Abzinsungsfaktor	0,91743	0,84168	0,77218	0,70843	0,64993
Barwerte der EVAs	2,4	2,4	5,8	3,8	-0,3
MVA	**14,1**				

Literatur

Beike, R.; Schütz, J.: Finanznachrichten lesen – verstehen nutzen. 4. Aufl. Stuttgart.

Britzelmaier, B. J. (2009): Kompakt-Training Wertorientierte Unternehmensführung. Ludwigshafen.

Britzelmaier, B. J.; Dittrich, K.; Macha, R. (2003): Starthilfe Finanz- und Rechnungswesen. Stuttgart/Leipzig/Wiesbaden.

Britzelmaier, B. J.; Geberl, S. (Hrsg. 2000): Wandel im Finanzdienstleistungssektor. Heidelberg.

Britzelmaier, B. J.; Geberl, S.; Kaufmann, H.-R.; Menichetti, M. (Hrsg. 2002): Regulierung oder Deregulierung der Finanzmärkte. Heidelberg.

Britzelmaier, B. (2005): Wertorientierung im Kostenmanagement, in: Barkovic, D.; Runzheimer, B.: Interdisziplinäre Managementforschung, Osijek.

Britzelmaier, B. und Joos-Sachse, T. (2005): Auswirkungen wertorientierter Unternehmensführung auf die Berechnung kalkulatorischer Zinsen in der Kostenrechnung, in: Cini, V.; Wentzel, D. (Hrsg.): Europa zwischen Erweiterung und Vertiefung, Osijek/Pforzheim, S. 83-95.

Britzelmaier, B. und Huß, C. und Merkl, T. (2008): Value-based Management and Life Cycle Costing, 8th Hawaii International Conference on Business, Honolulu, pp 2022-2042.

Britzelmaier, B. et al (2008): Dans quelle mesure la gestion basée sur la valeur influence-t-elle l'estimation des intérêts sur fonds propres dans la comptabilité analytique ?, Twentieth Asian-Pacific Conference on International Accounting Issues, Paris 2008.

Britzelmaier, B. und Coenen, C. (2008): Möglichkeiten und Grenzen des Einsatzes von Bilanzsimulation, in: Barkovic, D., Runzheimer, B. (Hrsg.): Interdisziplinäre Managementforschung IV, Osijek, S. 217-242.

Britzelmaier, B. und Huß, C. (2008): Intellectual Capital and Company's Value in: International Journal of Management Cases, Vol 10, Issue 3, pp 282-289

Britzelmaier, B. J.; Eller, B. (2004): Aspekte einer Dynamisierung der Lebenszykluskostenrechnung – Wertorientierung im Life cycle Costing? Controller Magazin 6/2004. S. 527-534.

Britzelmaier, B. J.; Benz, A. (2000): Entwicklung einer Prozeßkostenrechnung für eine Bank. Controller Magazin 1/2000. S. 65-77.

Bundesbank (2009): http://www.bundesbank.de.

Copeland, T. und Koller. T. und Murrin, J. (2002): Unternehmenswert – Methoden und Strategien für eine wertorientierte Unternehmensführung, 3. Auflage, Frankfurt und New York.

Däumler, K.-D.; Jürgen G. (2007): Betriebliche Finanzwirtschaft. 9. Aufl. Herne/ Berlin.

Eidel, U. (2000): Moderne Verfahren der Unternehmensbewertung und Performance-Messung. Berlin.

Ernst, D. und Schneider, S. und Thielen, B. (2006): Unternehmensbewertungen erstellen und verstehen, Ein Praxisleitfaden, 2. Auflage, München.

Feucht, M. (2001): Praxislexikon Finanzmanagement. Landsberg.

Hahn, D.; Hungenberg, H. (2001): Planung und Kontrolle. 6. Aufl. Wiesbaden.

Hauser, M. (1999): Wertorientierte Betriebswirtschaft. In: Controller Magazin 5/1999. S. 398-404.

Horvath P. & Partner (2006): Das Controllingkonzept. 6. Aufl. München.

Horvath, P. (2008): Controlling. 11. Aufl. München.

Jahrmann, F.-U. (2009): Finanzierung. 6. Aufl. Herne/Berlin.

Käfer, K. (1974a): Praxis der Kapitalflussrechnung. Stuttgart.

Käfer, K. (1974b): Kapitalflussrechnungen. Stuttgart.

Kaplan, R. S.; Norton, D. P. (1996): The Balanced Scorecard. Boston MA.

Kosiol, E. (1972a): Die Unternehmung als wirtschaftliches Aktionszentrum. Reinbek.

Kruschwitz, L. (2008): Investitionsrechnung. 12. Aufl. München/Wien.

KWG (2004): Gesetz über das Kreditwesen. In der Neufassung der Bekanntmachung vom 9. September 1998 (BGBl. I S. 2776). Zuletzt geändert durch Art. 5 des Gesetzes vom 05. April 2004 (BGBl. I S. 502).

Olfert, K.; Reichel, C. (2008): Finanzierung. 14. Aufl. Ludwigshafen.

Ortner, E. (1981): Was ist eine Grundrechnung und was sind Sonderrechnungen? In: ZfbF 33, 2/1981. S. 140-143.

Perridon, L.; Steiner, M. (2007): Finanzwirtschaft der Unternehmung. 14. Aufl. München.

Prätsch, J.; Schikorra, U.; Ludwig, E. (2007): Finanzmanagement. 3. Aufl. München/Wien.

Rappaport, A. (1999): Shareholder Value. 2. Aufl. Stuttgart.

Schierenbeck, H. (2002): Grundzüge der Betriebswirtschaftslehre. 16. Aufl. München.

Schmalenbach, E. (1899): Buchführung und Kalkulation im Fabrikgeschäft. In: Deutsche Metallindustriezeitung.

Schmalenbach, E. (1949a): Der freien Wirtschaft zum Gedächtnis. Köln.

Schmalenbach, E. (1949b): Kapital, Kredit und Zins. 2. Aufl. Köln.

Stern, J. M.; Shiely, J. S.; Ross, I. (2002): Wertorientierte Unternehmensführung mit E(conomic) V(alue) A(dded). München.

Stewart, G. B. (1991): The Quest for Value, New York.

Weber, J. et al. (2004): Wertorientierte Unternehmenssteuerung, Wiesbaden.

Wedekind, H. (1993): Kaufmännische Datenbanken. Mannheim et al.

Weiß, J. (2009): B.G. Teubner zum 225. Geburtstag: Adam Ries - Völkerschlacht - F.A. Brockhaus - Augustusplatz - Leipziger Zeitung – Börsenblatt. Leipzig.

Index

Stiftung
Benedictus Gotthelf Teubner
Leipzig / Dresden / Berlin / Stuttgart

www.stiftung-teubner-leipzig.de

Zusätzlich seit 21. Februar 2009:
www.teubner-stiftung.eu

Benedictus-Gotthelf-Teubner-Förderpreis:

Pünktlich zum sechsten Jahrestag ihres Bestehens am 21. Februar 2009
verlieh die Teubner-Stiftung in Leipzig den

Benedictus-Gotthelf-Teubner-Förderpreis 2009

an die

Mathematische Schülergesellschaft „Leonhard Euler" (MSG)
an der Humboldt-Universität zu Berlin.

Diesen 2009 zum dritten Mal verliehenen Teubner-Förderpreis erhielten bisher

Professor Albrecht Beutelspacher (Mathematikum Gießen)

und die

Leipziger Schülergesellschaft für Mathematik (LSGM).

Vorschau:

*Zum zweihundertsten Jahrestag der Firmengründung B. G. Teubner in Leipzig
am 21. Februar 2011 verleiht die Teubner-Stiftung den*

Benedictus-Gotthelf-Teubner-Wissenschaftspreis.

Stiftung Benedictus Gotthelf Teubner
Leipzig / Dresden / Berlin / Stuttgart

Gegründet am 21. Februar 2003
im Haus des Buches in Leipzig, am Gutenbergplatz.
E-Mail: weiss@stiftung-teubner-leipzig.de

Edition am Gutenbergplatz Leipzig / EAGLE:

Walser, H. (Basel / Frauenfeld): **Der Goldene Schnitt.** (1.-2. Aufl. 1993-96 bei
B. G. Teubner; 3.-4. Aufl. 2003-04 bei Edition am Gutenbergplatz Leipzig / EAGLE 001.)
Mit einem Beitrag von H. Wußing über populärwiss. Mathematikliteratur aus Leipzig.
Leipzig 2009. 5., bearbeitete und erweiterte Aufl. EAGLE 001.
EAGLE 001: www.eagle-leipzig.de/001-walser.htm   ▶ ISBN 978-3-937219-98-1

Luderer, B. (Chemnitz): **EAGLE-GUIDE Basiswissen der Algebra.**
Leipzig 2009. 2., bearbeitete und erweiterte Aufl. EAGLE 017.
EAGLE 017: www.eagle-leipzig.de/017-luderer.htm   ▶ ISBN 978-3-937219-96-7

Fröhner, M. / Windisch, G. (Cottbus): **EAGLE-GUIDE Elementare Fourier-Reihen.**
Leipzig 2009. 2., bearbeitete und erweiterte Aufl. EAGLE 018.
EAGLE 018: www.eagle-leipzig.de/018-froehner.htm   ▶ ISBN 978-3-937219-99-8

Günther, H. (Berlin): **EAGLE-GUIDE Raum und Zeit – Relativität.**
Leipzig 2009. 2., bearbeitete und erweiterte Aufl. EAGLE 022.
EAGLE 022: www.eagle-leipzig.de/022-guenther.htm   ▶ ISBN 978-3-937219-88-2

Britzelmaier, B. (Pforzheim): **EAGLE-STARTHILFE Finanzierung und Investition.**
Leipzig 2009. 2., bearbeitete und erweiterte Aufl. EAGLE 026.
EAGLE 026: www.eagle-leipzig.de/026-britzelmaier.htm   ▶ ISBN 978-3-937219-93-6

Stolz, W. (Dresden): **EAGLE-GUIDE Formeln zur elementaren Physik.**
Leipzig 2009. 1. Aufl. EAGLE 027.
EAGLE 027: www.eagle-leipzig.de/027-stolz.htm   ▶ ISBN 978-3-937219-27-1

Junghanns, P. (Chemnitz): **EAGLE-GUIDE Orthogonale Polynome.**
Leipzig 2009. 1. Aufl. EAGLE 028.
EAGLE 028: www.eagle-leipzig.de/028-junghanns.htm   ▶ ISBN 978-3-937219-28-8

Haftmann, R. (Chemnitz): **EAGLE-GUIDE Differenzialrechnung.**
Leipzig 2009. 1. Aufl. EAGLE 029.
EAGLE 029: www.eagle-leipzig.de/029-haftmann.htm   ▶ ISBN 978-3-937219-29-5

Franeck, H. (Freiberg / Dresden): **... aus meiner Sicht.** Freiberger Akademieleben.
Leipzig 2009. 1. Aufl. Geleitwort: D. Stoyan (Freiberg). EAGLE 030.
EAGLE 030: www.eagle-leipzig.de/030-franeck.htm   ▶ ISBN 978-3-937219-30-1

Radbruch, K. (Kaiserslautern): **Bausteine zu einer Kulturphilosophie der Mathematik.**
Leipzig 2009. 1. Aufl. EAGLE 031.
EAGLE 031: www.eagle-leipzig.de/031-radbruch.htm   ▶ ISBN 978-3-937219-31-8

Edition am Gutenbergplatz Leipzig (abgekürzt: EAGLE)   www.eagle-leipzig.de
Unabhängiger Wissenschaftsverlag für Forschung, Lehre und Anwendung.
Gegründet am 21. Februar 2003 im Haus des Buches, am Gutenberglatz in Leipzig.

Edition am Gutenbergplatz Leipzig / EAGLE:

Wußing, H. (Leipzig): **Adam Ries.** (1.-2. Aufl. 1989-92 bei B. G. Teubner.)
Mit einem Anhang (2009) von M. Folkerts (München), R. Gebhardt (Chemnitz / Annaberg-Buchholz), A. Meixner (Bad Staffelstein), F. Naumann (Chemnitz), M. Weidauer (Erfurt).
Leipzig 2009. 3., bearbeitete u. erw. Aufl. Geleitwort: R. Gebhardt (Chemnitz). EAGLE 033.
EAGLE 033: www.eagle-leipzig.de/033-wussing.htm ▶ ISBN 978-3-937219-33-2

Wußing, H. (Leipzig): **Carl Friedrich Gauß.** (1.-5. Aufl. 1974-89 bei B. G. Teubner.)
Leipzig 2010. 6., bearbeitete und erweiterte Aufl. EAGLE 034.
EAGLE 034: www.eagle-leipzig.de/034-wussing.htm ▶ ISBN 978-3-937219-34-9

Weiß, J. (Leipzig): **B. G. Teubner zum 225. Geburtstag.** Adam Ries – Völkerschlacht –
F. A. Brockhaus – Augustusplatz – Leipziger Zeitung – Börsenblatt.
Leipzig 2009. 1. Aufl. Geleitwort: H. Krämer (Schwieberdingen). EAGLE 035.
EAGLE 035: www.eagle-leipzig.de/035-weiss.htm ▶ ISBN 978-3-937219-35-6

Thiele, R. (Halle): **Van der Waerden in Leipzig.**
Leipzig 2009. 1. Aufl. Geleitwort: F. Hirzebruch (Bonn). EAGLE 036.
EAGLE 036: www.eagle-leipzig.de/036-thiele.htm ▶ ISBN 978-3-937219-36-3

Wußing, H. (Leipzig): **EAGLE-GUIDE Von Gauß bis Poincaré.**
Mathematik und Industrielle Revolution.
Leipzig 2009. 1. Aufl. EAGLE 037.
EAGLE 037: www.eagle-leipzig.de/037-wussing.htm ▶ ISBN 978-3-937219-37-0

Verlagsprogramm:
www.eagle-leipzig.de/verlagsprogramm.pdf
www.eagle-leipzig.de/verlagsprogramm.htm

Siehe auch:
www.eagle-leipzig.de/interview.htm
www.eagle-leipzig.de/suche.htm (EAGLE-Autoren und -Herausgeber)

Edition am Gutenbergplatz Leipzig (Verlagsname abgekürzt: EAGLE bzw. EAG.LE)
Unabhängiger Wissenschaftsverlag für Forschung, Lehre und Anwendung.
Gegründet am 21. Februar 2003 im Haus des Buches, am Gutenbergplatz in Leipzig.
Im Dienste der Wissenschaft. www.eagle-leipzig.de

Alle Titel sind im VLB-online verzeichnet. Bestellungen bitte an Ihre Buchhandlung
(Buchgroßhandel Libri, Umbreit) oder an Books on Demand in Norderstedt (www.bod.de)
oder an den Verlag in Leipzig: weiss@eagle-leipzig.de